Intercâmbio para todos

CAROL SANTIN | MARINA LHULLIER

Consultoras em educação internacional

Intercâmbio para todos

O que você precisa saber para **estudar, trabalhar** e **viver** no exterior

ALTA BOOKS
EDITORA

Rio de Janeiro, 2021

Intercâmbio para Todos

Copyright © 2021 da Starlin Alta Editora e Consultoria Eireli.
ISBN: 978-65-5520-787-3

Todos os direitos estão reservados e protegidos por Lei. Nenhuma parte deste livro, sem autorização prévia por escrito da editora, poderá ser reproduzida ou transmitida. A violação dos Direitos Autorais é crime estabelecido na Lei nº 9.610/98 e com punição de acordo com o artigo 184 do Código Penal.

A editora não se responsabiliza pelo conteúdo da obra, formulada exclusivamente pelo(s) autor(es).

Marcas Registradas: Todos os termos mencionados e reconhecidos como Marca Registrada e/ou Comercial são de responsabilidade de seus proprietários. A editora informa não estar associada a nenhum produto e/ou fornecedor apresentado no livro.

Impresso no Brasil — 1ª Edição, 2021 — Edição revisada conforme o Acordo Ortográfico da Língua Portuguesa de 2009.

Erratas e arquivos de apoio: No site da editora relatamos, com a devida correção, qualquer erro encontrado em nossos livros, bem como disponibilizamos arquivos de apoio se aplicáveis à obra em questão.
Acesse o site **www.altabooks.com.br** e procure pelo título do livro desejado para ter acesso às erratas, aos arquivos de apoio e/ou a outros conteúdos aplicáveis à obra.

Suporte Técnico: A obra é comercializada na forma em que está, sem direito a suporte técnico ou orientação pessoal/exclusiva ao leitor.

A editora não se responsabiliza pela manutenção, atualização e idioma dos sites referidos pelos autores nesta obra.

Produção Editorial
Editora Alta Books

Gerência Comercial
Daniele Fonseca

Editor de Aquisição
José Rugeri
acquisition@altabooks.com.br

Produtores Editoriais
Illysabelle Trajano
Maria de Lourdes Borges
Thales Silva
Thiê Alves

Marketing Editorial
Livia Carvalho
Gabriela Carvalho
Thiago Brito
marketing@altabooks.com.br

Equipe de Design
Larissa Lima
Marcelli Ferreira
Paulo Gomes

Diretor Editorial
Anderson Vieira

Coordenação Financeira
Solange Souza

Assistente Editorial
Mariana Portugal

Equipe Ass. Editorial
Brenda Rodrigues
Caroline David
Luana Rodrigues
Raquel Porto

Equipe Comercial
Adriana Baricelli
Daiana Costa
Fillipe Amorim
Kaique Luiz
Victor Hugo Morais
Viviane Paiva

Atuaram na edição desta obra:

Revisão Gramatical
Ana Carolina Oliveira
Carolina Palha

Capa
Rita Motta

Diagramação
Rita Motta

Ouvidoria: ouvidoria@altabooks.com.br

Editora afiliada à:

Dados Internacionais de Catalogação na Publicação (CIP) de acordo com ISBD

S235i   Santin, Carol
          Intercâmbio para todos: o que você precisa saber para estudar, trabalhar e viver no exterior / Carol Santin, Marina Lhullier. - Rio de Janeiro : Alta Books, 2021.
          256 p. ; 16cm x 23cm.

          Inclui índice.
          ISBN: 978-65-5520-787-3

          1. Intercâmbio. 2. Estudar. 3. Trabalhar. 4. Viver. 5. Exterior. I. Lhullier, Marina. II. Título.

2021-3321   CDD 338.4791
                                                            CDU 379.54

Elaborado por Vagner Rodolfo da Silva - CRB-8/9410

Rua Viúva Cláudio, 291 — Bairro Industrial do Jacaré
CEP: 20.970-031 — Rio de Janeiro (RJ)
Tels.: (21) 3278-8069 / 3278-8419
www.altabooks.com.br — altabooks@altabooks.com.br

AGRADECIMENTOS

ara que este livro deixasse de ser uma apenas uma ideia, tivemos a sorte de encontrar pessoas incríveis, que nos ajudaram a transformar o sonho em realidade.

Agradecemos imensamente ao nosso agente literário, Eduardo Villela, pelas inúmeras horas de orientações, leituras, revisões e reuniões. Um agradecimento especial a todos que deram depoimentos para o livro, compartilhando um pouquinho das suas experiências para inspirar e ajudar os leitores. Agradecemos também a Érica Minchin pela disposição em compartilhar seu conhecimento e por nos dar uma verdadeira aula de moda no capítulo "Fazendo as malas". Agradecemos aos primeiríssimos leitores do livro, que aceitaram o convite de escrever sobre ele e que compartilham a mesma paixão por viagens e intercâmbio que nós: Andrea Tissenbaum, Daniel Nunes Gonçalves, Ana Lourenço e Wesley Klimpel. Agradecemos muito a toda a equipe da editora Alta Books, que acreditou no projeto e nos acompanhou em toda a jornada da escrita à publicação.

Eu, Carol, agradeço à minha querida amiga e coautora, Marina Lhullier, por ter abraçado este projeto com o mesmo amor que eu. Agradeço pela paciência, pela escrita, por tudo o que você somou em cada página deste livro. Não teria a mesma graça chegar aqui sem você. Agradeço, ainda, à minha família, por me ouvir falar incansavelmente por três anos deste livro. Obrigada às minhas amigas e amigos pelas palavras de incentivo.

Eu, Marina, aproveito este espaço para agradecer a Carol Santin, que idealizou este projeto e o encabeçou com diligência, superando todas as dificuldades que envolvem a publicação de um livro. Posso dizer que você despertou em mim uma habilidade que eu não sabia que tinha: escrever. Agradeço ao André, meu marido, e a Larissa, minha filha, pelo apoio e incentivo durante a escrita deste livro. Agradeço à minha família pelo apoio incondicional nas experiências de vida que me fazem ter algo a escrever e contribuir.

Obrigada a você, leitor, por ter escolhido este livro como apoio na sua jornada rumo ao intercâmbio. À tanta gente incrível: obrigada por tudo, obrigada por tanto!

PREFÁCIO IX
INTRODUÇÃO XI

15 01 O QUE É INTERCÂMBIO

25 02 COMO ESCOLHER SEU INTERCÂMBIO

53 03 INTERCÂMBIOS DE ESTUDO DE IDIOMAS

75 04 INTERCÂMBIOS NO ENSINO MÉDIO

87 05 INTERCÂMBIOS NO ENSINO SUPERIOR

135 06 INTERCÂMBIOS COM PERMISSÃO DE TRABALHO

149   07   TIPOS DE ACOMODAÇÃO PARA ESTUDANTES NO EXTERIOR

159   08   PLANEJAMENTO FINANCEIRO

173   09   ENTENDENDO AS ETAPAS LEGAIS E BUROCRÁTICAS DE CONTRATAÇÃO E MATRÍCULA

185   10   FAZENDO AS MALAS

201   11   O DESAFIO DOS PRIMEIROS 90 DIAS

211   12   COMO TRABALHAR NO EXTERIOR

221   13   VIVER DENTRO DO PLANEJAMENTO FINANCEIRO

229   14   LIDANDO COM AS DIFICULDADES DO DIA A DIA

239   15   A VOLTA PARA CASA E OS NOVOS RECOMEÇOS

PALAVRAS FINAIS 247

ÍNDICE... 251

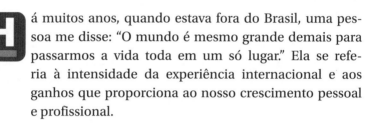

PREFÁCIO

á muitos anos, quando estava fora do Brasil, uma pessoa me disse: "O mundo é mesmo grande demais para passarmos a vida toda em um só lugar." Ela se referia à intensidade da experiência internacional e aos ganhos que proporciona ao nosso crescimento pessoal e profissional.

A frase, que não podia ser mais acertada, até hoje me inspira quando penso na relevância que estudar no exterior tem em nossas vidas. De cursos de curta duração a programas completos de graduação ou pós-graduação, a vivência em um país estrangeiro é repleta de surpresas, conquistas e profundas mudanças. É um tempo no qual nos descobrimos, aprendemos a nos relacionar com as mais diferentes pessoas e nos aproximamos de nossas raízes culturais. Ganhamos jogo de cintura, e uma nova capacidade de lidar com nossos problemas e dificuldades sem o costumeiro apoio da família e dos amigos.

Também adquirimos uma visão mais ampla do mundo, tornando-nos capazes de nos relacionar melhor com o que é desconhecido ou estrangeiro às nossas vidas. Mas, apesar de toda essa glória, estudar e viver no exterior não são experiências necessariamente fáceis.

Do momento em que decidimos seguir esse caminho à chegada, há muito para fazer. Os processos de candidatura — originalmente criados para serem feitos de forma independente pelos estudantes — tornaram-se tarefas complexas e desafiadoras. Hoje, a gama de opções é absurdamente diversa, e fazer a melhor escolha pode ser difícil. Além disso, como o começo da vida lá fora não é tão fácil quanto pensamos, é preciso estar bem preparado para fazer essa jornada.

Por todas essas razões, este livro, que reúne as mais diversas oportunidades internacionais, é tão valioso. Carol Santin e Marina Lhullier, experientes consultoras na área, abordam absolutamente todas as etapas do processo, em um roteiro que, passo a passo, revela o que precisamos fazer. Se você ainda não sabe exatamente o que quer estudar no exterior, o livro mostrará as diferentes opções que existem. Se não sabe como se preparar, aprenderá como fazer isso durante a leitura.

E, se você pensa que suas preferências, interesses, jeito de ser e de estudar não impactarão sua experiência internacional, entenderá a importância de se conhecer melhor ao fazer as escolhas de seus destinos. *Intercâmbio para todos: O que você precisa saber para estudar, trabalhar e viver no exterior* pode tanto ser lido de uma só vez, para ajudar você a tomar as melhores decisões, como também serve para consultas específicas àqueles que já têm um plano mais definido. De qualquer forma, é uma fonte de inspiração e de apoio.

Você perceberá a cada página que não está sozinho e que suas perguntas não são em vão. Como consultora especialista em Educação Internacional, encontrei nesta leitura um trabalho impecável, recheado de detalhes, depoimentos e dicas adicionais imprescindíveis. É como se vários livros estivessem inclusos em uma só publicação, que levará você às muitas oportunidades de desenvolvimento pessoal e profissional oferecidas por um intercâmbio. Espero que aproveite esta viagem e que, a partir dela, entenda o que deseja para sua vida e carreira, descubra seu propósito e compreenda como desenhará o percurso dos seus próximos anos.

Andrea Tissenbaum
é especialista em educação
internacional e autora do blog da Tissen

INTRODUÇÃO

 universo dos intercâmbios no exterior pode soar às vezes como algo complicado e longe da nossa realidade. Uma galáxia distante a que somente poucas pessoas têm acesso.

O que queremos ensinar neste livro é exatamente o oposto. Esse universo que consiste em milhares de opções para estudar no exterior está, de fato, muito mais perto do que você imagina. É claro que, para embarcar nesse voo, você precisa se preparar, entender o que está em jogo para cada decisão necessária, fazer um planejamento financeiro e então ganhar o passaporte carimbado com seu sonho realizado.

Este livro nasce das experiências que nós, Carol e Marina, tivemos ao estudar no exterior. De lá para cá, são mais de 10 anos de bagagem, tanto pessoal como profissional, no universo das viagens e intercâmbios.

Muito mais do que compartilhar um pouco das nossas vivências, o intuito deste livro é dividir a nossa perspectiva sobre as oportunidades de estudar fora, como começar a planejar e como identificar a melhor opção para você.

Atualmente, somos consultoras independentes de estudos no exterior, ou seja, nosso trabalho foca a orientação personalizada de acordo com as necessidades de cada estudante. Não há maior satisfação para nós do que poder ajudar mais e mais pessoas a realizarem seus sonhos.

Percebemos que, apesar de a internet ser uma grande rede de informações e de ter democratizado o acesso ao conhecimento sobre as possibilidades de intercâmbio, os estudantes que nos procuram ainda chegam com muitas dúvidas e confusões sobre os programas disponíveis, documentação, planejamento financeiro, entre outras.

Sabemos o quanto é difícil filtrar todas as informações que existem na internet, já que podem ser encontrados milhares de depoimentos positivos, negativos, inúmeras opções e cada pessoa falando uma coisa diferente.

Como vivemos na pele tudo o que contamos neste livro, pensamos em cada detalhe da jornada do intercambista para que você não se sinta mais sem rumo (ou só) nessa caminhada.

Tomamos muito cuidado ao escrever este livro para não defender ou ser contra nenhum tipo de intercâmbio. Nossa intenção é que você possa formar um pensamento crítico capaz de analisar os prós e os contras das diferentes alternativas para, desta forma, fazer a melhor escolha.

E, como você perceberá ao longo da leitura, reforçamos que os conceitos de bom ou ruim, melhor ou pior, são extremamente relativos para cada pessoa. Da mesma forma, não existe intercâmbio certo ou errado, existe a sua realidade, os seus objetivos e a sua jornada individual.

Para melhor conforto e aproveitamento do nosso voo, dividimos este livro em três partes.

A primeira parte é o "ANTES", que envolve tudo que você precisa saber antes da viagem. Falaremos sobre o que é intercâmbio e quais os tipos existentes hoje, o que levar em consideração na hora de escolher um destino e como escolher onde morar durante o intercâmbio. Falaremos, também, de planejamento financeiro, análise de contratos dos cursos e dicas para fazer uma mala inteligente.

Essa primeira parte é uma preparação completa e, por isso mesmo, trará muitas informações e detalhes. Antes de seguir para a segunda etapa da viagem, se quiser, faça uma pausa. Pense em tudo o que você leu, anote os pontos que mais têm a ver com o seu projeto de estudar no exterior. Que tal fazer uma lista das decisões e pesquisas complementares que precisa fazer? Para quais perguntas você já encontrou respostas e em quais ainda tem dúvidas?

Assim, começamos a segunda parte do nosso voo, que é "DURANTE". Nela, você aprenderá a lidar com as situações que acontecerão com você durante o intercâmbio. Alegria, ansiedade, frustrações, saudade... o pacote de emoções vem completo. Para não se deixar levar por esse turbilhão de sentimentos que às vezes nos fazem perder o foco, conversaremos bastante sobre tudo isso. Além disso, há desafios específicos de alguns tipos de intercâmbio, como os que envolvem trabalhar. Como criar um currículo? Como procurar emprego? Você encontrará as respostas aqui.

A última etapa da viagem é o nosso pouso, ou seja, o "DEPOIS", a volta para casa. Como preparar o seu retorno? Quais são as questões envolvidas para a sua volta? Como retomar sua vida no Brasil e construir um novo capítulo na sua história? Conversaremos sobre todos esses temas e muito mais.

Você voltará para o Brasil com muitas lembranças e sentirá saudades de tudo o que viveu no seu intercâmbio, e isso é natural. Sabia que nós já retornamos do nosso intercâmbio há mais de 15 anos e ainda falamos dele como se fosse ontem? Ainda nos emocionamos e — para quem quer ouvir nossas mil histórias engraçadas e de perrengues — contamos tudo de novo como se fosse a primeira vez. Com você será assim também; em menor ou maior intensidade, a experiência é inesquecível.

Esperamos que você faça uma ótima viagem! Primeiro entre estas páginas e depois quando as nuvens estiverem à vista da janelinha do avião.

Boa leitura!
www.intercambioparatodos.com.br

O QUE É INTERCÂMBIO

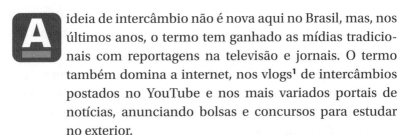

O QUE É INTERCÂMBIO — 01

A ideia de intercâmbio não é nova aqui no Brasil, mas, nos últimos anos, o termo tem ganhado as mídias tradicionais com reportagens na televisão e jornais. O termo também domina a internet, nos vlogs[1] de intercâmbios postados no YouTube e nos mais variados portais de notícias, anunciando bolsas e concursos para estudar no exterior.

Este capítulo o ajudará a entender, exatamente, o que é intercâmbio. Compartilharemos toda nossa experiência para você se inspirar e aprender a planejar a sua viagem para estudar, trabalhar e viver no exterior.

Mas, antes de começar, vamos nos conhecer?

Oi, eu sou a Carol. Quando eu era adolescente, nos idos dos anos 2000, ouvi algumas vezes a palavra "intercâmbio". Alguém contou em uma roda de conversas de adultos que o filho estava indo fazer intercâmbio. Outra vez, um primo foi morar nos Estados Unidos para fazer intercâmbio de High School (de Ensino Médio). Se na época eu mal sabia o que era intercâmbio (e muito menos inglês), imaginem entender o que era um "intercâmbio de High School". Sem chance.

Passaram alguns anos em que intercâmbio era para mim um universo paralelo. Não entendia o que era nem por que alguém fazia, mas de uma coisa eu suspeitava: era caro e não era para mim. Naquela época, a internet

---

[1] Vídeos em formato de registros cotidianos/rotina [N. das A.].

era discada, não existia YouTube nem salas de bate-papo online dedicadas ao tema.

Foi somente no final da faculdade, quando estava com 22 anos, que descobri um intercâmbio para chamar de meu. O programa era o intercâmbio de *Au Pair*. Em junho de 2007, embarquei rumo aos Estados Unidos na viagem mais marcante da minha vida. Depois de um ano e meio, disse adeus àqueles que foram minha família durante o intercâmbio, retornei ao Brasil com uma mala cheia de álbuns de fotos, amizades espalhadas pelo mundo e inglês fluente. Entre lágrimas e risadas, aquela foi, sem dúvida, a melhor decisão que já tomei.

Passaram os anos, muitos voos e viagens depois, eu me apaixonei tanto por esse universo que decidi dedicar a minha carreira a assessorar pessoas na realização de viagens e intercâmbios.

Muito prazer, eu sou a Marina. Meu primeiro contato com intercâmbio aconteceu quando a escola em que eu estudava recebeu um aluno da Índia, Sahil, para estudar na minha sala. Tenho que confessar que achei aquilo uma ideia totalmente maluca: Como um adolescente saía da casa dele, em outro continente, para estudar em uma sala de aula com pessoas que não falavam a língua dele, a quase 15.000km de casa?

Com o passar do tempo, fui me tornando amiga do Sahil, praticando inglês e ficando cada vez mais encantada pela ideia de estudar em outro país e conhecer esse mundo tão grande. Na época, final dos anos 1990, para fazer um intercâmbio havia apenas duas opções: por meio de organizações como o Rotary Club ou buscando informações por correio em duas ou três agências que funcionavam nas grandes cidades.

Durante a faculdade, descobri que existia um intercâmbio de trabalho na Disney, em Orlando. Minha cabeça ficou a mil com a ideia de que havia uma oportunidade de ir trabalhar no exterior, ganhar dinheiro e ainda usar esse dinheiro para amortizar os custos de um empréstimo feito pelos meus pais.

Em 2002, a demanda represada de candidatos para o programa da Disney era alta. Isso aconteceu pois o programa de 2001 foi cancelado, devido ao atentado às torres gêmeas, de Nova York. Foi em 2002 que me candidatei e, ainda que a competição por uma vaga fosse maior, consegui ser selecionada. O intercâmbio se provou ser tudo ou ainda mais do que eu esperava. Foi uma experiência incrível de melhorar meu inglês,

VOCÊ SABIA?

Os primeiros intercâmbios surgiram após a Segunda Guerra Mundial, por meio de organizações internacionais civis e voluntárias, como CISV (Children's International Summer Villages), Rotary Internacional e American Field Services, que perceberam que a melhor maneira de buscar a tolerância e a paz é mostrar que o mundo é coberto de diferenças e que, em vez de combatê-las, deveriam conhecê-las para aprender a respeitá-las.

conhecer diferentes culturas, desafiar-me a sair da minha zona de conforto e, de quebra, praticar espanhol.

Naquela época, eu ainda não sabia, mas aquele intercâmbio seria o primeiro passo para uma carreira em educação internacional. Fazer o intercâmbio fez com que eu me interessasse por outras formas de vivência e estudos no exterior, e mudasse de área profissional. Toda a experiência acumulada ao longo dos anos virou um blog, uma conta no Instagram, um canal no YouTube e também uma consultoria para ajudar pessoas que querem estudar no exterior.

Agora que já nos conhecemos, afinal, **o que é intercâmbio?**

Intercâmbio é uma modalidade de viagem internacional, cujo objetivo principal é aprender ou aprimorar um novo idioma e interagir com a cultura local do país escolhido. O intercâmbio é para todos, ou seja, atende quem está no nível básico do idioma e até quem já é fluente. Funciona para adolescentes que já sabem inglês, mas querem viver a experiência do Ensino Médio em outro país, para profissionais que só têm exatos 30 dias de férias e querem um curso de atualização na sua área, para maiores de 50 anos que querem curtir as férias estudando em uma turma especial para a faixa etária e também para qualquer pessoa que ainda esteja na fase do "the book is on the table".

O próximo capítulo explorará todos os tipos de intercâmbio. Assim, você poderá entender qual deles mais se encaixa no seu momento de vida.

Ser um intercambista é diferente de ser um turista. Um turista é um observador e viaja com o objetivo de lazer: apreciar a cidade visitada, experimentar um pouco da comida local, visitar pontos turísticos, ir a eventos culturais, mas não tem o objetivo de aprender aquele idioma e viver a rotina de um morador.

Já o intercambista busca exatamente esse aprofundamento das relações. O objetivo da viagem nasce da necessidade ou vontade de explorar o mundo e aprender algo novo. Seja aprender um novo idioma por vontade pessoal ou necessidade profissional, estudar ou trabalhar, o intercambista está aberto a experimentar um estilo de vida diferente.

Comem-se ovos e bacon no café da manhã nos EUA? Pois, então, esse será o café do intercambista não por um dia, mas por semanas ou meses. Usa-se bicicleta como meio de transporte? O intercambista irá para a escola e/ou trabalho de bicicleta. Ele precisará se adaptar também às leis locais, como na Austrália, por exemplo, onde não é permitido consumir bebidas alcoólicas na rua. Um intercambista que deseja estudar inglês no Canadá pode ficar hospedado em uma casa de família de origem asiática e ganhar uma experiência cultural em dose dupla, uma vez que muitos imigrantes, embora adaptados ao novo país, mantêm vivas algumas tradições, alimentares ou culturais mais gerais.

Se no passado intercâmbio era coisa de adolescente, hoje em dia não existe mais idade para se aventurar. Os intercâmbios podem começar tão cedo quanto aos 4 anos, e, tendo boa saúde, não há restrição de idade. A procura dos alunos acima de 50 anos é crescente, e diversas escolas de idiomas já têm programas exclusivos com aulas, atividades culturais e passeios focados especialmente nesse público.

Além desses programas, algumas escolas oferecem turmas regulares para alunos acima de 30 anos. A faixa etária média nas escolas de idiomas do exterior é de 18 a 24 anos, seguida de 25 a 33 anos. Se analisarmos, na primeira faixa estamos no início da vida adulta, estudando ou planejando um curso superior, buscando qualificação ou até mesmo buscando o intercâmbio para amadurecer as decisões desse momento da vida. Na segunda faixa, a maioria já tem alguma formação, mas é possível notar que muitos nunca tiveram a oportunidade de estudar fora — por questões financeiras ou por terem emendado colégio, faculdade, estágio, efetivação, trabalho —, mas continuam com muita vontade de viver essa experiência.

Não existe melhor época para fazer intercâmbio, são muitos os fatores envolvidos, e vão muito além de simplesmente ter dinheiro. Para Eduarda e Guilherme, a oportunidade do intercâmbio veio depois de casados, ela com 35 e ele com 38 anos. Escolheram Vancouver para estudar inglês por seis meses. Eduarda conseguiu uma licença não remunerada no trabalho e Guilherme, que é publicitário autônomo, tinha flexibilidade para trabalhar a distância. A maior dificuldade deles foi a saudade do Paçoca, um gatinho de 4 anos que ficou no Brasil.

Há também uma crescente busca por programas completos de graduação e pós-graduação em outros países. A motivação não é uma falta de qualidade dos cursos brasileiros, pois temos algumas universidades de excelência, entre públicas e particulares. O aumento da procura se dá por alguns motivos: diferenciação frente à concorrência profissional por possuir um título internacional, recrutamento das próprias universidades estrangeiras, e possibilidade de networking aumentada e de imigração.

POR QUE ENTRAR NESSA?

Mas, afinal, o que leva alguém a sair do conforto da sua casa para morar com desconhecidos, estranhar o clima, a comida, gastar dinheiro e mal saber pedir um Big Mac em outro idioma? O principal impulso para as pessoas procurarem um programa de intercâmbio é que, além da possibilidade de aprender bem outro idioma, elas podem se desenvolver do ponto de vista socioemocional.

Daniela Gutierrez, da consultoria Acesso Carreira, explica:

"Já no presente e no futuro próximo, as habilidades socioemocionais como comunicação, empatia e resolução de problemas farão a grande diferença para o profissional de qualquer área. Então, podemos dizer que resiliência, flexibilidade e empatia andam de mãos dadas o tempo todo quando temos que sair da nossa zona de conforto e dar uma resposta adequada ao contexto frente a uma situação inesperada. Essa é a magia diária de um intercâmbio, mesmo que de uma semana ou um ano, ele lhe possibilita estar onde a magia acontece."

Extrair o máximo aprendizado em um espaço curto de tempo, muitas vezes de duas semanas, é a maior preocupação. O intercâmbio oferece inúmeras situações que obrigarão o intercambista a praticar o idioma: há o contato com uma família local, com estudantes de várias partes do mundo e com uma rotina de acordar cedo, pegar transporte público, frequentar a escola, além, é claro, dos passeios depois das aulas e aos finais de semana. Só não pratica o idioma quem não quer. Ler o cardápio de um restaurante, pedir ajuda para comprar um bilhete de metrô, pedir uma informação na rua, tudo isso em outro idioma, só é possível quando se está em outro país.

Dominar uma segunda língua já não é mais diferencial no mercado de trabalho. Pergunte a qualquer recém-formado que já passou por algumas entrevistas se saber inglês era algo que o destacava dos concorrentes ou, pelo menos, que o deixava no mesmo nível.

Segundo uma pesquisa de um grande site de buscas de empregos, no Brasil, apenas 5% da população fala uma segunda língua, e menos de 3% tem fluência em inglês[2]. Portanto, os pais têm incentivado seus filhos a cada vez mais cedo terem experiências internacionais.

Fazer um intercâmbio ainda exige um investimento alto para muitas pessoas, no entanto, esse cenário já está mudando, e, com planejamento financeiro adequado, o sonho do intercâmbio fica mais próximo. A diversidade de escolas, programas, formas de financiamento, bolsas de estudos e a possibilidade de trabalhar durante os estudos atraem cada vez mais jovens.

A prova de que a experiência de intercâmbio está a cada dia mais acessível é o crescimento do setor. O mercado de intercâmbio movimentou em 2018 a quantia de US$1,2 bilhão no Brasil, de acordo com os dados da Pesquisa Selo Belta 2019, encomendada pela Belta (Associação das Agências de Intercâmbio)[3].

Estamos falando de um crescimento de 302 mil estudantes embarcando em 2017 para 365 mil em 2018. Isso sem contar os embarques de estudantes que optaram por fazer o processo com agências não associa-

---

[2] Por que ainda não somos fluentes em inglês. Exame, 2018. Disponível em: https://vocesa.abril.com.br/geral/por-que-ainda-nao-somos-fluentes-em-ingles/. Acessado em 13/05/2018.

[3] Associação Brasileira de Agências de Intercâmbio (Belta) revela pesquisa anual com cerca de 5 mil estudantes e 500 agências. Belta, 2019. Disponível em: http://www.belta.org.br/associacao-brasileira-de-agencias-de-intercambio-belta-revela-pesquisa-anualcom-cerca-de-5-mil-estudantes-e-500-agencias/. Acessado em 20/12/2019.

das à Belta, sozinhos ou com consultores independentes, e que não são mensurados pela pesquisa.

A TOMADA DE DECISÃO

Para quem ainda é menor de idade, a decisão de realizar um intercâmbio deve ser discutida com os pais. E muitas vezes são os pais que não estão preparados para a experiência, e não o contrário. É importante também que os pais respeitem o tempo e a vontade dos filhos. O intercâmbio pode ser um presente de aniversário para o filho, mas o idioma e o país a ser visitado devem ser uma escolha dele.

O intercâmbio é quase um treino para a vida: tudo o que você planejou pode acontecer de forma totalmente diferente. Você entenderá o que é se sentir só no meio de uma multidão, e, principalmente, será um treino para ser independente e buscar soluções para eventuais problemas. O intercâmbio também não é um ritual de passagem obrigatório, nenhum pai ou mãe deve obrigar seu filho a viver uma experiência de maneira forçada. Se a criança ou o adolescente ainda não tem esse desejo, sua vontade deve ser respeitada.

QUEM PODE AJUDAR NO PLANEJAMENTO

Para planejar o intercâmbio, o estudante pode entrar em contato diretamente com as escolas ou universidades e fazer todo processo sem intermediários.

No Brasil, no entanto, o mais comum é buscar uma ajuda especializada, que pode ser de uma agência de intercâmbio, consultores independentes ou escritórios que representam os governos de diversos países interessados em receber estudantes internacionais. Cada uma dessas opções trabalha com programas e serviços diferentes, e alguns são especialistas em um único país.

Uma ajuda especializada em educação internacional diminui muito o estresse e as inseguranças de quem está buscando estudar no exterior. Você terá um suporte essencial para sua tomada de decisão.

INTERCÂMBIO PARA TODOS

Segundo a Pesquisa Selo Belta 2018, o papel das agências ainda é muito importante. Dos estudantes que realizaram intercâmbio em 2018, 67% disseram que contrataram o programa com agências. O principal motivo para terem contratado um intercâmbio com agência e não diretamente com as escolas é a confiança, seguido de atendimento personalizado, facilidade de contato, forma de pagamento, valor, localização com fácil acesso, infraestrutura e indicação de amigos.

Outro ponto que confunde as pessoas é a ideia errônea de que o preço praticado pelas agências é maior do que se pagar direto à escola ou universidade. A verdade é que os preços dos cursos em si são os mesmos. Por exemplo: se um curso de inglês custa R$800 por mês no site da escola, a agência cobrará o mesmo valor, a única diferença é que a agência cobra uma taxa de assessoria pela intermediação da matrícula e pelas orientações durante o processo.

Uma das principais vantagens de contratar uma ajuda especializada é que o estudante gerencia menos fornecedores, enquanto, quando opta por fazer tudo sozinho, precisa se organizar para gerenciar e negociar com vários fornecedores ao mesmo tempo, como a escola, a acomodação, o seguro, a passagem aérea, entre outros.

Veja a seguir o perfil de quem prefere fazer sozinho e de quem prefere buscar uma ajuda especializada.

O QUE É INTERCÂMBIO | 23

Agora, que já conversamos sobre o que é intercâmbio, vamos seguir para o primeiro passo para se fazer um, que é entender como escolher o programa ideal para você.

COMO ESCOLHER SEU INTERCÂMBIO

02

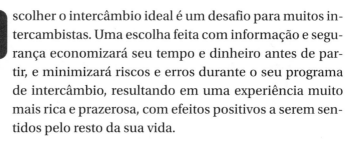

COMO ESCOLHER SEU INTERCÂMBIO 02

Escolher o intercâmbio ideal é um desafio para muitos intercambistas. Uma escolha feita com informação e segurança economizará seu tempo e dinheiro antes de partir, e minimizará riscos e erros durante o seu programa de intercâmbio, resultando em uma experiência muito mais rica e prazerosa, com efeitos positivos a serem sentidos pelo resto da sua vida.

Neste livro, utilizamos uma metodologia de reflexão em torno de capacidades, objetivos e perfil, para que você possa se conhecer melhor.

Duas perguntas muito frequentes dos intercambistas são: "Qual lugar é melhor?" e "Qual intercâmbio devo fazer?"

A resposta mais honesta que podemos oferecer é: depende. Ouvir isso pode desapontar um pouco, porque, na ânsia de querer uma solução rápida e definitiva, muitos fatores não são levados em conta.

A escolha de um intercâmbio é o resultado de uma combinação de variáveis que dependem do seu objetivo, do seu perfil como viajante, de quanto você está disposto a investir, do tipo de programa de intercâmbio que deseja fazer, entre outras.

Neste capítulo, vamos ajudá-lo a pensar em todos esses pontos seguindo uma linha de raciocínio que facilitará muito encontrar o programa ideal para você.

Se quiser, pegue um papel e uma caneta para responder as perguntas a seguir.

Este questionário está disponível para download no site do livro.

1 Qual idioma eu gostaria de aprender?

2 Quanto tempo tenho para fazer meu intercâmbio?

3 Quanto posso investir?

4 Precisarei trabalhar durante o intercâmbio?

5 Com quais destinos mais me identifico e por quê? Seja detalhista, o que o atrai nesses lugares? É o estilo de vida, o clima, tem algum parente ou amigo morando lá ou que fez indicações?

6 Desejo combinar meu intercâmbio com a realização de algum sonho? Por exemplo: conhecer determinado ponto turístico ou cidade, estudar em alguma escola ou universidade específica?

7 Tenho alguma restrição ou requisito de que não abro mão? Por exemplo: Meus pais não me deixarão viajar sozinho, tenho alguma condição de saúde que piora em determinados tipos de clima, não quero ir para lugares muito longe do Brasil?

Agora, leia novamente as suas respostas e pense no que realmente tem mais prioridade. Se preferir, numere de 1 a 7, sendo 1 para mais relevante e 7 para menos relevante.

A escolha do seu intercâmbio será uma combinação desses fatores, tendo ciência que um único destino pode não reunir todas as suas vontades.

Vamos conhecer a história de Paula e João, eles o ajudarão a entender como funciona a combinação desses elementos até chegar à decisão final de quais programa e destino escolher.

Paula tinha 19 anos quando sonhava em fazer graduação em Gestão de Negócios na *New York University*. A vontade dela de estudar em Nova York já vinha de muitos anos, mais precisamente desde os 16, quando fez intercâmbio de Ensino Médio em Nova Jersey, visitou Nova York por diversas vezes e ficou encantada com a cidade. Ela decidiu usar o ENEM como prova de admissão, porém, sabia que precisaria ganhar uma bolsa de estudos em um valor significativo para conseguir arcar com os custos da sua graduação, e suas chances eram muito baixas, uma vez que a NYU não concede muitas bolsas para estudantes internacionais. Expandiu então sua pesquisa e descobriu que Portugal era muito mais barato que os EUA e tinha excelentes universidades, que também aceitavam o ENEM.

Dessa forma, Paula abriu mão dos Estados Unidos e entendeu no processo que seu maior sonho era fazer graduação no exterior, e que seria feliz com a opção de Portugal, pois era o curso que ela desejava, com um orçamento mais acessível e em uma universidade de renome internacional.

João decidiu aos 26 anos que faria um intercâmbio de 6 meses. A vontade de estudar inglês veio depois de perceber que estava perdendo boas oportunidades profissionais por não ter fluência no idioma. Durante a pesquisa, encantou-se com o Canadá, um país multicultural, com câmbio acessível e próximo do Brasil. Porém, depois de calcular todo investimento no intercâmbio, percebeu que precisaria trabalhar durante os estudos. Ele considerou que, se trabalhasse durante o período no exterior, gastaria menos e ainda teria mais possibilidades de praticar o idioma. Dessa forma, mudou o destino para a Irlanda e escolheu a cidade de Cork para estudar inglês por seis meses.

Essas histórias ilustram as escolhas necessárias para chegar à tomada de decisão final.

Nos próximos capítulos, aprofundaremos os programas disponíveis em cada país e, no final da leitura deste livro, sugerimos que retome suas anotações e veja se suas respostas mudaram ou não.

Só depois de conhecer os destinos e os programas disponíveis em cada lugar, você conseguirá juntar as informações do que se encaixa para você.

Com certeza, você estará muito mais próximo do seu programa e destino ideais.

E, por falar em destino, vamos conversar mais sobre como escolher um destino, como avaliar os prós e os contras e como encontrar um destino que atenda a suas expectativas.

Nossa percepção da dificuldade em escolher o destino é a de que as pessoas estão pouco abertas a abrir mão de certas coisas, tornando a decisão mais lenta e, muitas vezes, angustiante.

Para escolher um destino, é preciso entender que cada um traz coisas boas, assim como pontos que podem desagradar.

Certa vez, conhecemos uma pessoa que queria viajar para os Estados Unidos em janeiro (inverno), mas não queria pegar neve ou um clima muito frio; ao mesmo tempo, não queria ir para a Flórida ou Califórnia, pois tinha medo de ter muitos brasileiros lá. Percebem a incoerência?

Querido leitor, até no Texas nevou no inverno de 2017! Não existe destino perfeito, e, se você não entender desde já que terá que abrir mão de algumas crenças e vontades para se adaptar, seu intercâmbio será como um voo turbulento. Não existe Austrália com menos de 20 horas de voo e passagem por R$2 mil. Não existe Canadá sem casas de famílias de ascendência asiática. Não existe Irlanda sem vento e chuva.

"Olá, boa tarde! Por favor, gostaria de um intercâmbio para um lugar com o clima da Austrália, o custo de vida do Canadá, o tempo de voo da Irlanda, o inglês com sotaque britânico e que não faça muitas perguntas na imigração."

Claro, sem problemas, vamos anotar seu telefone e, assim que esse país for descoberto, entraremos contato.

Mas não deixaremos você à deriva nesse mar de opções. Abordaremos os destinos mais procurados para fazer intercâmbio, e, por meio de histórias reais, a sua escolha será muito mais fácil. Mas lembre-se: não se pode ter tudo.

Segundo a Pesquisa Selo Belta de 2018, estes são os destinos mais procurados pelos brasileiros.[1]

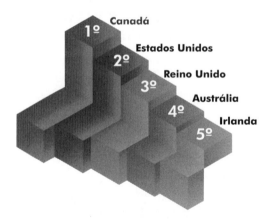

Abordaremos também destinos que falam outro idioma que não o inglês, como espanhol, francês, alemão e italiano, para quem deseja viver a experiência de intercâmbio para além do inglês.

Antes de começar a nossa volta ao mundo com algumas dicas e informações sobre cada país, vamos conversar um pouco mais sobre as escolhas envolvidas na decisão de um destino.

---

[1] Destinos preferidos por brasileiros. Belta, 2018. Disponível em: http://www.belta.org.br/destinos-preferidos-pelos-brasileiros/. Acessado em 11/08/2018.

ESCOLHENDO O CLIMA

O planeta é dividido em dois hemisférios: norte e sul. No hemisfério norte, os meses quentes estão aproximadamente entre maio e agosto (da primavera ao verão) e os mais frios, entre setembro e abril (outono e inverno), a troca de estações nesses países é considerada a baixa temporada. São os meses da saída do inverno e entrada da primavera, e saída do verão e entrada no outono. Para quem não gosta de destinos lotados de turistas, essas são as melhores épocas para viajar, além do clima ameno, nem muito frio, nem muito calor. Claro que, para alguns de nós, brasileiros, um clima ameno europeu, na faixa dos 15ºC a 18ºC, pode ser frio, mas para os padrões desses países é muito agradável.

No hemisfério sul, acontece exatamente o oposto, os meses quentes estão entre setembro e março (primavera e verão) e os mais frios, entre maio e agosto (outono e inverno). Da mesma forma, as épocas de trocas de estações são consideradas baixa temporada. Experimente pesquisar uma passagem para a Austrália em janeiro e anote o preço. Agora, pesquise outra para a mesma cidade em maio, junho ou julho. A diferença pode ser de mais de R$2 mil. Portanto, saiba que a escolha do clima e de ir em alta ou em baixa temporada influencia o preço da sua passagem.

Mas, afinal, é melhor viajar em qual época do ano? Não existe resposta fácil para essa pergunta. De maneira geral, o brasileiro não gosta de frio, por isso, viajar no verão fará você encontrar mais brasileiros, independentemente do destino. Lembrando que no verão haverá um fluxo maior de turistas, além dos intercambistas.

Sentimos que um há certo preconceito dos brasileiros com a questão do clima. Não pensem vocês que os canadenses, os norte-americanos de cidades mais ao norte do país ou os europeus ficam seis meses trancados em casa no outono e inverno. A ideia de que no inverno não há muito o que fazer nas cidades é falta de conhecimento. Há muitos esportes de inverno, como ski, patinação no gelo, snowboard, além do divertidíssimo *snow-tubing*, que é descer uma ladeira coberta de neve em uma boia.

Além disso, lembremos que as casas e os comércios têm aquecimento. Independentemente de você que está lendo este livro agora ter 15 anos e querer cursar o Ensino Médio no exterior ou ter 45 anos e querer estudar um idioma por apenas um mês, o raciocínio é o mesmo: o clima influencia, sim, as atividades das pessoas, mas vamos rever a ideia de que no inverno as pessoas não fazem nada. Cidades como Toronto e Montreal, por exemplo, têm toda uma estrutura subterrânea de quilômetros com lojas, restaurantes e cinemas. As pessoas levam uma vida normal durante o inverno, saem de casa, trabalham, jantam fora, vão a cinemas, frequentam cafés, bares, pubs. Os jovens vão à escola, fazem esportes e encontram os amigos. Se você nunca viu neve, viva essa experiência pelo menos uma vez na vida. Com disposição e as roupas certas, você certamente se adaptará com facilidade às montanhas do Colorado assim como ao calor de 40ºC de Dubai. Outro ponto é que em vários países não neva no inverno, caso você ache que neve seja um pouco radical para o seu perfil.

ESCOLHENDO A CIDADE

Já vamos logo avisando que as cidades mais procuradas são:

- ☑ EUA: Nova York, Boston, San Diego, São Francisco.
- ☑ Canadá: Toronto e Vancouver.
- ☑ Austrália: Sydney.
- ☑ Inglaterra: Londres.
- ☑ Irlanda: Dublin.
- ☑ Espanha: Barcelona.
- ☑ França: Paris.

O que essas cidades têm em comum? São cidades grandes; urbanas (mesmo as que têm praia); são conhecidos centros culturais, comerciais e financeiros; e são também não apenas as principais escolhas dos intercambistas, mas também dos turistas.

Agora é nossa vez de perguntar: Levante a mão quem quer morar no interior da Inglaterra? No centro-oeste norte-americano? No sudoeste da Austrália? No sul da Irlanda? Se estivéssemos em um auditório, temos certeza de que poucas mãos se levantariam. E você, leitor, deve estar se perguntando: De que lugares estamos falando?

Fazemos essa provocação, pois no geral os brasileiros têm outro preconceito, que é o tamanho da cidade. É como se, quanto maior a cidade, maior fosse o sucesso do intercâmbio. Isso é uma grande ilusão, pois há cidades pequenas e médias cheias de vida e festivais de música, artes, dança, eventos esportivos e gastronômicos. Existem cidades pequenas e

COMO ESCOLHER SEU INTERCÂMBIO   31

médias que abrigam as melhores universidades do mundo. Veja Oxford, na Inglaterra, com apenas 154 mil habitantes. Há cidades pequenas ou de médio porte escolhidas pelas melhores empresas de tecnologia para ter sede, a exemplo de Cork, na Irlanda.

O que nós vemos, especialmente pelos depoimentos de inúmeros intercambistas, é que, em uma cidade pequena, o envolvimento com a comunidade local é maior. Seria ingênuo da nossa parte querer comparar Nova York com Charlotte, na Carolina do Norte, mas o que queremos dizer é que você não morrerá de tédio em uma cidade média ou pequena. Haverá passeios, atividades, viagens e bares. Pode ser que o comércio feche mais cedo, sim. Pode ser que a cidade só tenha duas salas de cinema. Mas pode ser também que nada disso o incomode.

Veja que detalhes da cultura local podem fazer toda a diferença em aprender um novo idioma. Pense nisso quando for escolher a cidade. Muitas vezes, uma cidade pequena lhe proporciona mais contato com os locais, o que o ajudará a falar mais o idioma que foi aprender.

Nossa ressalva para cidades pequenas fica por conta de quem pretende fazer intercâmbio de estudo com permissão de trabalho. Nesses casos, talvez seja melhor uma cidade de média a grande, pois haverá mais oportunidades, inclusive se seu sonho maior for imigrar. Pesquise como aquela cidade (além do país) recebe imigrantes e quais as políticas para imigração.

Na escolha da cidade, também devem ser levados em consideração os meios de transporte que ela oferece. Tem metrô? Esse metrô atende bem aos bairros ou só ao centro? Como são os ônibus? Onde vou morar tem horário de funcionamento restrito de transporte público? Não é novidade para ninguém que os Estados Unidos são um país construído para carros, ou seja, cidades pequenas podem trazer a desvantagem de não contarem com muitas linhas de ônibus e de sequer terem linhas de metrô e de trem. Já na Europa, nas cidades pequenas, por terem distâncias menores, dá para fazer muita coisa a pé; além do bom transporte público, possuem também uma cultura muito maior de incentivo ao uso de bicicletas, com ciclovias por toda a cidade.

Se você mora no Brasil, em grandes centros, sentirá esse efeito do "andar a pé" com mais intensidade. Nossas cidades, assim como nos Estados Unidos, não foram planejadas para pedestres e, sim, para carros, nosso transporte público ainda deixa muito a desejar mesmo em cidades com boa cobertura. Aproveite como intercambista a liberdade do transporte público, pergunte na sua escola se você tem direito a algum desconto ou benefício por ser estudante.

Analise bem a cidade do seu intercâmbio e o quanto os meios de transporte podem ajudá-lo a economizar tempo nos deslocamentos, como: patinetes e bicicletas compartilhadas, aplicativos de carona, entre outros. Verifique também se o transporte por aplicativos é legalizado e use seu bom senso para não entrar numa fria.

Quer outro quesito que brasileiro adora em uma cidade? Que tenha praia. Se tiver praia, for cidade grande e clima quente, adivinha quem vai querer estudar lá? Nós, brasileiros. Entendeu agora por que a comunidade de brasileiros em Sydney é tão grande mesmo do outro lado do mundo? Segundo Marina Maia, que morou um ano e meio na Austrália:

"Na praia de Mainly, você se sente no litoral de São Paulo. Galera ouvindo música alta em caixinha de som e, se não fosse proibido beber em locais públicos, teria isopor cheio de cerveja também."

Portanto, leitor e futuro intercambista: quer reduzir o convívio com brasileiros? Fuja de destinos com praia. Fuja do calor e da alta temporada. E, daqui do nosso teclado, já o ouvimos pensando: mas Carol e Marina, como assim? E agora? E nós lhe perguntamos: Você quer estudar ou turistar? Porque se o objetivo é turismo e bronzeado, pode ir para qualquer praia brasileira, que é mais barato. Se o objetivo é estudar e fazer uma imersão em outra cultura e idioma, escolha exatamente o oposto do que temos no Brasil. O intercâmbio é para sairmos da nossa zona de conforto, e não a encontrar do outro lado do Atlântico. Escolher o oposto é dar uma chance para um estilo de vida realmente diferente: Mora em cidade grande? Escolha uma cidade rural. Mora na praia? Escolha aprender a viver no inverno e na neve. Você se surpreenderá com a sua capacidade de adaptação, com o quanto gostará de fazer amigos e se sentir parte daquela comunidade tão diferente da sua.

Toda cidade tem suas dores e suas delícias. Conheça agora como foi a experiência de duas intercambistas: uma escolheu uma cidade grande e a outra, uma pequena.

Debora Carneiro morou seis meses em Londres e, perguntada sobre coisas de que ela não gostou na cidade, respondeu:

"Excesso de pessoas, o tempo todo! Alguns imigrantes muito mal educados. Metrô cheio."

Por outro lado, ela também reconhece o quanto a cidade significou para ela:

"Por ser extremamente cosmopolita, é um lugar que o convida e o obriga a ser mais tolerante e menos preconceituoso. Londres é o mundo inteiro em uma cidade. Adorava andar de ônibus de dois andares para observar as ruas e os prédios. Sinto saudade da pontualidade britânica."

Perguntada também se ela faria tudo de novo ou se faria algo diferente, a resposta dela ecoa da voz de todo intercambista:

"Faria tudo de novo. O que eu faria de diferente? Teria aproveitado mais."

Já Stella Andrade escolheu a pequena La Rochelle, na França, cidade com 125 mil habitantes, onde morou durante dois meses, enquanto estudava francês.

"Não tenho palavras para La Rochelle. Completamente diferente de Paris, é uma cidade portuária, onde passei os melhores 2 meses do meu intercâmbio. A cidade é grande? Não. Tem coisas para fazer? Não muito. É uma cidade bonita? Depende dos seus parâmetros! Se eu gostei? Não. Eu AMEI. Justamente porque tem poucas coisas diferentes para fazer, você acaba estreitando as relações com as pessoas, e isso faz uma diferença absurda! Fiz amigos nessa cidade com os quais não pretendo perder contato nunca. Fazíamos tudo de bicicleta, e olha que nunca fui muito esportiva. Mas você acaba se acostumando e, quando vê, já está indo para a balada de bike e voltando às 4h sozinha, em plena quinta-feira, sem medo de acontecer nada. Sim, quinta-feira! Toda semana meus amigos e eu íamos para a balada às quintas e aos sábados. Encontrei a paz em La Rochelle. Cidade de praia, supertranquila, onde o Porto principal do Centro foi meu refúgio quase todos os dias. Quem vai para ficar duas semanas na cidade já ama de paixão. Foram as melhores oito semanas do meu intercâmbio, sem sombra de dúvidas. Sem contar a família que me recebeu e ficou comigo o período inteiro: sem palavras para descrever e agradecer. Todos maravilhosos, eu me senti como uma filha. Tudo conspirou positivamente a meu favor. Lacrimejo só de lembrar dos momentos que vivi."

Depois desses depoimentos, esperamos que você chegue à mesma conclusão que nós: não é o tamanho da cidade que fará diferença, mas o tamanho da sua atitude em fazer do seu intercâmbio uma lembrança para toda a vida.

VIAJANDO EM JANEIRO E JULHO

Em qualquer destino do mundo, os meses em que serão encontrados mais brasileiros são: janeiro e julho, devido às férias escolares.

Mas Carol e Marina, e se eu só puder viajar nesses meses? Bem, o primeiro ponto é alinhar suas expectativas, na sua escola haverá mais brasileiros, e isso não é, necessariamente, ruim. O Brasil é um país enorme, e você poderá conhecer gente de outros estados, o importante é se misturar e fazer amigos brasileiros e estrangeiros, sair com ambos no mesmo grupo fará você praticar mais o idioma que foi para estudar. Além disso, antes da partida, todo brasileiro diz que vai fugir de brasileiro, mas isso é pura bobagem. Os brasileiros são os primeiros a correr para brasileiros na hora que a saudade aperta.

SEGURANÇA. NEM TUDO SÃO FLORES

Vamos falar de mais uma crença que a maioria dos brasileiros tem com o exterior. Como nosso país sofre muito com a violência, tendemos a achar que qualquer lugar no exterior é mil vezes mais seguro do que o Brasil. Não é bem assim.

A violência lá fora não é tão explícita quanto a que vivemos no Brasil, mas, ainda assim, precisamos ficar atentos. Stella Andrade conta como foi furtada no metrô de Barcelona:

"Pegaram minha carteira, e percebi 2 segundos depois. Um cara ficou encostado em mim por um tempo, e a porta do vagão já estava aberta. Fiquei sem entender. Então, quando soou o alarme de que ia fechar, ele saiu andando. Assim que ele desencostou, percebi que minha bolsa estava aberta e minha carteira não estava lá. Quando me dei conta, a porta do metrô já tinha fechado. Foi péssimo, 'perdi o rolê' — estava indo pra balada — e tive que cancelar os cartões. Foi um perrengue. Pelo menos, o passaporte não estava lá, e em dinheiro eu só tinha 20 euros."

Agora, Stella já sabe que atenção vale para qualquer lugar do mundo. Se você, leitor, nos permite oferecer um conselho de quem já passou por isso, Stella explica:

"Sugiro atenção! Sempre falavam que nos metrôs da Europa (França, Itália, Espanha) têm muitas pessoas que batem carteira. Muitas. Então, quando estiver na rua, no meio de multidões, transportes públicos, sempre fique com a bolsa colada no corpo e a segure firme. Não vacile. Esses caras passam a mão, e a gente nem percebe. Também quase fui furtada no metrô de Paris, mas um local me ajudou! Então, atenção. Lá não é igual aqui, que o abordam para roubá-lo, eles vão 'na miúda'."

Em geral, quando viajamos, ficamos mais expostos a furtos, pois estamos mais distraídos, e além disso há, também, diversas modalidades de golpes, como: o golpe da acomodação, em que o golpista pede um adiantamento antes de lhe mostrar o imóvel, Muito cuidado! Não faça pagamentos antes de assinar o contrato e visitar o imóvel.

Conhecer a cidade ajuda na prevenção de situações de risco, saber os bairros mais perigosos ou lugares em que não é recomendado andar sozinho ou à noite e usar o seu bom senso são as melhores formas de aumentar sua segurança.

Nós, mulheres, infelizmente, ainda temos que ter a atenção redobrada, pois em alguns países o assédio nas ruas, assim como em bares e baladas, pode ser maior. Há também golpes direcionados a homens, que estão sujeitos a se envolverem em brigas que podem acarretar problemas com a justiça e, por consequência, com o visto.

Estamos tratando desse tema de forma ampla, para alertar que machismo, racismo, xenofobia e gente de má índole estão presentes

CONTEÚDO EXTRA!

Para saber mais sobre golpes comuns contra intercambistas e turistas, acesse o site do livro e veja um vídeo especial sobre o tema.

em todo lugar do mundo. Cuide-se no exterior da mesma forma que se cuida no Brasil.

2 EM 1 – DUAS CIDADES EM UM INTERCÂMBIO. SIM, É POSSÍVEL

Se neste momento do livro você ainda está na dúvida entre dois destinos, aqui vai uma dica para você não sofrer mais: monte seu roteiro com mais de uma cidade. Você pode combinar metade do seu intercâmbio em uma cidade e metade em outra. Está na dúvida entre Toronto e Vancouver? Fique com as duas. Está na dúvida entre uma cidade pequena e uma grande? Fique com as duas. Essas combinações são melhores para quem vai ficar mais de um mês. Achamos que mudar de cidade em menos que um mês pode causar mais estresse e correria. Mas, se você vai ficar de dois a seis meses ou mais, vale a pena pensar nessa possibilidade. Haverá um custo maior de passagem? Talvez sim, talvez não, o que dita o preço da passagem é a antecedência com que você se planeja. Também é importante ressaltar que não são todos os tipos de intercâmbio que permitem essa opção. Essas combinações são mais fáceis se em ambas as cidades que deseja ir existir a mesma rede de escolas. Assim, você pode, inclusive, negociar pagar apenas uma taxa de matrícula para os dois destinos. Lembre-se: as escolas querem alunos, e a concorrência é alta, então negocie. Caso sejam cidades muito diferentes e em que não exista a mesma rede de escolas, ainda assim você pode combiná-las, mas não vai ter tanto poder de negociar isenção de taxas. Outra coisa boa de combinar destinos é encontrar um meio-termo dentro do que você pode investir. Talvez seis meses em Londres fi-

SE LIGA NESSA DICA!

Se você perder algum documento, carteira ou celular, procure no "achados e perdidos" do metrô, do ônibus, do lugar onde você acha que tem mais chances de ter perdido. Se há pessoas de má-fé, há também as de boa-fé, que quando encontram algo levam nesses lugares. Conhecemos diversos estudantes que já recuperaram celulares, bolsas e carteiras no "achados e perdidos" de metrôs de várias cidades grandes.

COMO ESCOLHER SEU INTERCÂMBIO **37**

que muito caro, mas três meses em Londres e três em Malta se encaixe no seu orçamento. As escolas são globais, e é possível se matricular na mesma escola em Londres e em Toronto. É só pesquisar.

Vamos começar agora a nossa volta ao mundo com algumas dicas sobre os destinos mais procurados.

América do Sul

→ Destinos mais procurados: Chile (Santiago) e Argentina (Buenos Aires).

→ Tipo de intercâmbio mais procurado: curso de idioma (espanhol).

Quer sair do comum?

☑ Faça intercâmbio de Ensino Médio ou superior na América do Sul.

☑ Procure pelas cidades menores de cada país para estudar espanhol.

Nossos vizinhos estão no topo da lista para o estudo do espanhol. A proximidade é o principal fator que garante a eles a nossa preferência. Proximidade significa também preços mais acessíveis em passagens aéreas e um custo de vida mais baixo ou no máximo igual à de cidades como São Paulo.

Nesses países, compensa levar reais em espécie e trocar chegando à cidade em casas de câmbio. O valor que você conseguirá será melhor do que comprando pesos (argentinos ou chilenos) no Brasil. Em casos eventuais, é bom ter uma reserva de dólar norte-americano, pois será aceito em todos os lugares.

É importante ressaltar que, como são economias cujo câmbio é muito sensível às altas do dólar, muitas escolas de idiomas tabelam seus preços em dólares norte-americanos. Mas não se preocupe: você não pagará mais caro, isso é apenas uma maneira que as escolas encontraram para ter um preço único, uma vez que seu público-alvo são pessoas de outros países.

Para planejar passeios e conhecer mais a cultura, recomendamos sempre os sites oficiais dos Ministérios do Turismo, em que as informações estão sempre atualizadas:

➢ Chile: http://chile.travel/pt-br/.

➢ Argentina: https://www.argentina.tur.ar/.

Para escolher o mês do seu intercâmbio, fique de olho no tempo. Não se preocupe, pois fizemos essa lição de casa por você. Confira o clima em Santiago e em Buenos Aires e veja em qual estação prefere viajar:

→ Santiago

- Na média do ano, os meses mais quentes são: Janeiro, fevereiro e dezembro.
- Períodos secos (pouca chuva): Janeiro a abril e setembro a dezembro.
- Mês mais quente e seco: Janeiro.
- Mês mais frio e úmido (muita chuva): Julho.

→ Buenos Aires

- Na média do ano, os meses mais quentes são: Janeiro, fevereiro e dezembro.
- Temporada de chuvas: Janeiro a março e outubro a dezembro.
- Mês mais quente: Janeiro.
- Mês mais frio: Julho.
- Mês mais úmido (muita chuva): Março.
- Mês mais seco: Junho.

Nossos *hermanos* chilenos e argentinos também nos agradam no quesito gastronomia, diferentemente de países da América do Norte cuja culinária é difícil de definir, Argentina e Chile sabem bem o que oferecer a seus visitantes.

Na Argentina, todo cardápio, do restaurante por quilo no centro ou do chef estrelado, terá muitas opções de carnes. O prato clássico para estudantes que querem economizar é: milanesa de carne, arroz e papas fritas (bife à milanesa, arroz e batata frita). Outra dica para economizar são as famosas empanadas (tradicionais na Argentina e no Chile), pequenos pastéis assados com recheio de carne, frango, entre outros sabores.

Em ambos os países, quem gosta de vinho pode renovar o estoque: a Receita Federal permite que cada pessoa traga 12 litros de vinho, o que dá em torno de 16 garrafas, ou no máximo US$500.

COMO ESCOLHER SEU INTERCÂMBIO **39**

→ América do Norte

Destinos mais procurados: Estados Unidos e Canadá.

Tipos de intercâmbio mais procurados: High School, cursos de idiomas, *Au Pair*, universitário.

Quer sair do comum?

- Escolha cidades que não estejam na costa dos dois países.

Segundo a pesquisa Selo Belta 2018, entre os destinos mais procurados, praticamente um a cada quatro estudantes viajaram para o Canadá. O país é acompanhado pelos Estados Unidos em segundo lugar. E por que essa atração tão grande?

Bom, o primeiro fator é a proximidade geográfica. Isso gera muitas opções de voos e sentimento de não estar tão longe do Brasil. Há também a forte influência da cultura norte-americana no Brasil (cinema, séries, empresas, moda): consumimos muito a cultura norte-americana em diversos segmentos. Já o Canadá nos atrai pela qualidade de vida, segurança, um país com muitos programas de imigração, alto índice de qualidade educacional. Para se ter uma ideia, esse reconhecimento é mundial, e todos os anos diversas cidades canadenses aparecem no ranking da *Economist*[2] como as melhores para se viver. O ranking considera 30 critérios divididos em cinco categorias: educação, infraestrutura, estabilidade, meio ambiente e cultura.

O Canadá, colonizado por ingleses e franceses, também atrai quem quer aprender francês. A cidade de Montreal, na província de Quebec, é a cidade mais francesa fora da França. Lá, o intercambista se depara com uma forte influência europeia, na arquitetura e na comida, e ouve francês nas ruas. Como a cidade é bilíngue (todos falam inglês e francês), quem já tem conhecimentos de inglês poderá usar o idioma quando desejar.

Conheça os sites oficiais para planejar seu intercâmbio:

- Estados Unidos: https://www.visiteosusa.com.br/.
- Canadá: https://caen-keepexploring.canada.travel/.

---

[2] As melhores cidades do mundo para se viver. Viagem e Turismo, 2018. Disponível em: https://viagemeturismo.abril.com.br/materias/as-melhores-cidades-do-mundo-para-se-viver/. Acessado em 07/09/2018.

CLIMA

→ Estados Unidos

A seguir, mostramos um exemplo de como é o clima na cidade de Nova York. É importante ressaltar que, como os EUA são um país grande, recomendamos buscar a cidade que deseja em sites de clima e tempo.

- Meses com temperaturas médias mais agradáveis: Junho a setembro.
- Na média, o mês mais quente: Julho.
- Na média, o mês mais frio: Janeiro.
- Mês mais úmido: Abril. Evite esse mês se você não gosta de chuva.
- Mês mais seco: Outubro.

→ Canadá

Veja o exemplo da cidade de **Vancouver**, mas a regra é a mesma dos EUA. O país é muito grande, e o clima varia conforme a região.

- Meses com temperaturas médias mais agradáveis: Julho e agosto.
- Meses com mais chuvas: Janeiro a março e outubro a dezembro.
- Na média, o mês mais quente: Agosto.
- Na média, o mês mais frio: Dezembro.
- Mês mais úmido: Novembro. Evite esse mês se você não gosta de muita chuva.
- Mês mais seco: Julho.

Com relação ao câmbio, o recomendado é levar a moeda de cada país, ou seja, para os Estados Unidos, dólar norte-americano, e no Canadá, o dólar canadense. O dólar canadense para brasileiros é historicamente mais barato, e a diferença pode chegar a quase R$1 por dólar. Para ter a cotação atual das moedas, verifique sites especializados e casas de câmbio.

COMO ESCOLHER SEU INTERCÂMBIO **41**

Com relação à alimentação, ambos os países oferecem de tudo. Como ambos tiveram uma forte imigração, há bairros inteiros com restaurantes e lojas gregos, italianos, chineses e brasileiros, só para citar alguns. Os Estados Unidos são o país do hambúrguer e do fast-food. Podemos dizer com a experiência de quem já morou nos Estados Unidos que seu cardápio semanal será: hambúrguer, pizza, cachorro-quente, comida chinesa e macarrão. Muita comida congelada, tudo pronto, só esquentar no micro-ondas. No Canadá, é um pouco parecido, mas lá eles têm uma preocupação um pouco maior com a alimentação. Se a sua família hospedeira for de ascendência asiática, prepare-se para uma comida bem apimentada.

Vamos agora para o velho continente: Europa.

Destinos mais procurados (listaremos por idioma):

> **Inglês:** Inglaterra (Londres), Irlanda (Dublin) e Malta (St. Julians).

> **Francês:** França (Paris).

> **Espanhol:** Espanha (Madrid e Barcelona).

> **Italiano:** Itália (Roma, Florença).

> **Alemão:** Alemanha (Berlim).

Em todos os destinos acima, os tipos de intercâmbio mais procurados são: Cursos de idiomas, estudo e trabalho, seguido de High School para Espanha, Inglaterra e Alemanha.

Quer sair do comum?

> Já demos essa dica, mas vamos lembrar: viva em uma cidade pequena.

> Faça High School na Irlanda, pesquise e verá o excelente custo-benefício.

O principal atrativo desses países é o fato de ficarem na Europa, onde trens ligam países em poucas horas, e companhias aéreas de baixo custo (*low-cost*) oferecem voos por 10 euros.

A cultura centenária, as cidades históricas e seus patrimônios bem conservados, a elevada qualidade de vida, o excelente transporte público nos grandes centros, tudo isso faz da Europa um destino muito querido pelos intercambistas.

→ Inglaterra (Londres)

"Estou indo para Londres porque a rainha me convidou para um chá da tarde."

Essa frase é uma brincadeira comum para quem escolhe Londres como destino para fazer seu intercâmbio. Mas muito mais que a família real britânica, o que brilha aos olhos é a cidade em si. Com quase 9 milhões de habitantes, a metrópole se destaca pelos bairros, atrações culturais, monumentos, parques e vida noturna.

- Meses com temperaturas médias mais agradáveis: Julho e agosto.
- Na média, o mês mais quente é agosto.
- Na média, o mês mais frio é fevereiro.
- Dezembro é o mês mais úmido. Evite esse mês se você não gosta de muita chuva.
- Julho é o mês mais seco.

→ Espanha

A Espanha concorre com a América do Sul para estudantes que desejam aprender espanhol. Existe também, entre os países falantes de espanhol, diferenças de pronúncia, gírias e até o uso de algumas palavras. Tem quem goste mais do espanhol do Chile, outros, da Argentina, outros, da Espanha.

Confira a seguir o clima em Barcelona.

- Na média, o mês mais quente é julho.
- Na média, o mês mais frio é janeiro.
- Outubro é o mês mais úmido. Evite esse mês se você não gosta muito de chuva.
- Julho é o mês mais seco.

→ França

Já a França concorre com o Canadá quando o idioma escolhido é o francês. Paris acaba sendo a primeira cidade que vem à mente quando se pensa em estudar o idioma, mas, como conta a experiência da intercambista Stella Andrade, a França é muito mais que Paris. Para quem gosta de culinária, a França também sedia as melhores escolas do ramo do mundo, tornando-se uma ótima opção para quem quer aprender francês e também a cozinhar *"Coc au Vin"*, receita clássica de frango ao vinho.

Confira a seguir o clima em Paris.

- Na média, os meses com temperaturas mais agradáveis são: Junho, julho e agosto.
- Na média, o mês mais quente é julho.
- Na média, o mês mais frio é janeiro.
- Maio é o mês mais úmido. Evite esse mês se você não gosta muito de chuva.
- Fevereiro é o mês mais seco.

→ Alemanha

A Alemanha é uma aula de história. Na nossa opinião, com um dos idiomas mais difíceis de se aprender, também é o local que atrai intercambistas em busca de um destino menos comum. Quem procura o país gosta do idioma, tem alguma ascendência ou precisa de uma base da língua por conta do trabalho. Um país grande e diverso, que investe forte em cultura, artes e educação, oferecerá a quem o visita muitos museus, exposições e apresentações de música clássica, óperas, teatros e balé. O país também se destaca quando o assunto é ecologia, tendo uma consciência de preservação ambiental superior à de muitos países.

Confira a seguir o clima em Berlim

- Na média, os meses com temperaturas mais agradáveis são: Junho, julho e agosto.
- Na média, o mês mais quente é julho.
- Na média, o mês mais frio é janeiro.
- Junho é o mês mais úmido. Evite esse mês se você não gosta muito de chuva.
- Outubro é o mês mais seco.

→ Itália

A Itália é um museu a céu aberto. A cultura italiana remonta aos tempos da história antiga, medieval, moderna e contemporânea, é uma viagem no tempo em pleno século XXI. Com grandes nomes expoentes na música contemporânea, pintura e escultura, a Itália é mundialmente conhecida pelo melhor design do mundo, abriga excelentes escolas. É também a escolha ideal para quem deseja se aprimorar nessa área. A língua italiana, das originárias do latim, a que se manteve mais próxima, reflete a cultura do seu povo. Uma língua alegre, comunicativa e calorosa.

Segundo Maria Eugênia Santin, de 65 anos, que fez intercâmbio de um mês em Roma:

"A Itália é maravilhosa. Fui muito bem recebida pela casa de família e pela escola. Nas ruas, não tive dificuldade de me comunicar, em inglês ou no meu italiano de iniciante. Eu me encantei pelas grandes avenidas de Roma, em contraste com as pequenas vielas. Recomendo o país para qualquer pessoa que deseje aprender um novo idioma."

Confira a seguir o clima em Roma.
- Na média, os meses mais quentes são: Julho e agosto.
- Temporada de chuvas: Novembro.
- Períodos mais secos: Junho e julho.
- Na média, o mês mais quente é julho.
- Na média, o mês mais frio é janeiro.

A Irlanda, em especial, atrai intercambistas pela possibilidade de trabalhos de meio período, conforme explicaremos no Capítulo 6.

→ Irlanda (Dublin)
- Na média, o mês mais quente é agosto.
- Na média, o mês mais frio é janeiro.
- Dezembro é o mês mais úmido. Evite esse mês se você não gosta de chuva.
- Julho é o mês mais seco.

→ Malta

Malta é um país independente, uma ilha no sul da Itália, que tem atraído cada vez mais intercambistas para suas praias de águas cristalinas e vida noturna agitada. Embora no país o idioma seja o maltês, o inglês é a segunda língua, e todos os serviços relacionados ao turismo são em inglês. Em outras palavras, sim, você aprenderá a falar inglês em Malta. O país é membro da União Europeia, e a moeda local é o Euro.

Confira a seguir o clima em St. Julians.

- Na média, os meses mais quentes são: Julho, agosto e setembro.
- Temporada de chuvas: Novembro e dezembro.
- Períodos mais secos: Abril a julho.
- Na média, o mês mais quente é julho.
- Na média, o mês mais frio é janeiro.
- Junho é o mês mais seco.

Os países de outros idiomas, como espanhol, italiano e alemão, são menos procurados do que os de língua inglesa. Muitas vezes o perfil do estudante também muda e muitos dos que procuram estes destinos já têm alguma fluência no inglês ou trabalham em alguma empresa desses países e sentem necessidade de aprender mais o idioma.

O CÂMBIO NA EUROPA

O que assusta muita gente quando se pensa em ir pra Europa é o câmbio em Euro, e ainda mais em Libra. Porém, poucos colocam na calculadora o custo de vida local, o que pode compensar o câmbio mais alto.

Vamos analisar um item de gasto diário, o almoço. Há 99% de chances de você fazer essa refeição na rua. Para esse cálculo, vamos usar o famoso índice Big Mac, publicado anualmente pela *Economist*[3]. O ranking

- - - - -

[3] Big Mac Index. *The Economist*, 2021. Disponível em: https://www.economist.com/big-mac-index. Acessado em 17/04/2021.

lista o preço do sanduíche em vários países e na zona do euro, para comparar o poder de compra em cada lugar.

ÍNDICE BIG MAC

	USD	CAD	EUR	LIB
Preço do BIG MAC	5,66	6,77	4,25	3,29
Moeda em espécie com IOF	5,78	4,79	6,93	8,27
Total		R$32,71	R$32,43	R$29,45	R$27,21

Cotação: 17/04/2021 Site: Melhor Câmbio.

Surpresa! Um Big Mac em Londres é R$5,22 mais barato do que um em Nova York. E na Europa é R$2,98 mais barato do que no Canadá.

Como os custos de uma viagem vão além de um sanduíche, no Capítulo 8 falaremos mais sobre planejamento financeiro. O que queremos deixar como reflexão é que, na hora de escolher um destino, você deve considerar mais do que o câmbio; leve em conta o custo de vida local.

Para mais informações para planejar sua viagem para a Europa, o site Visit Europe abrange diversos países: https://visiteurope.com/pt-br/.

Voemos agora para a África do Sul.

→ África do Sul

Destino mais procurado: Cape Town.

Tipo de intercâmbio: Curso de idioma e trabalho voluntário.

Quer sair do comum?

- Se você escolheu Cape Town, você já está saindo do comum.

O inglês é a língua oficial da África do Sul devido a seus colonizadores: os holandeses e os ingleses. Se quer aprender inglês com sotaque britânico sem o custo de Londres, esse é o lugar. Desde 1994, com o fim do *apartheid* (regime de segregação racial), o país entrou em um ciclo de prosperidade e desenvolvimento.

Cape Town é a cidade com mais ofertas de cursos de idiomas; com quase 3 milhões de habitantes, ela o surpreenderá com hospitalidade e vistas de tirar o fôlego. Também é possível comprar passeios de safáris durante seu intercâmbio. Não faltarão praias e uma rica flora e fauna para explorar.

O preço das escolas é geralmente em Euros ou em Dólares norte-americanos, como acontece em outros destinos, mas a moeda local oficial é o Rand, uma moeda mais fraca em relação ao Real, por isso, esse destino costuma ser bem econômico. Caso você opte por levar dólares norte-americanos e trocar lá, consegue passar a semana com tranquilidade (sem luxos, é bom ressaltar) com cerca de US$100.

Outra notícia boa é que brasileiros não precisam de visto para estudar ou fazer turismo pelo país por até 90 dias (3 meses).

Confira mais informações sobre o país no site oficial de turismo: https://www.southafrica.net/br/pt.

Ainda há um certo preconceito com os países da África no quesito violência. Pelas inúmeras histórias de quem já visitou a Cidade do Cabo, é preciso ficar atento como ficamos no Brasil e nos demais países. Nunca ouvimos um relato de violência grave, apenas os usuais furtos de objetos, como celulares ou mochilas. As recomendações são as mesmas de qualquer outro destino: saiba os bairros em que não é recomendado andar à noite, as mulheres devem evitar sair sozinhas à noite em bairros que não conheçam, cuidado com quem e onde você faz o câmbio de dinheiro, nada que você já não siga no seu dia a dia ou em viagens.

O clima é muito parecido com o do Brasil:

- Períodos de tempo mais seco: Janeiro a março, novembro e dezembro.
- Na média, o mês mais quente é janeiro.
- Na média, o mês mais frio é agosto.
- Junho é o mês mais úmido. Evite esse mês se você não gosta muito de chuva.

A África do Sul também atrai quem deseja fazer trabalho voluntário. No caso de intercambistas de cursos de inglês, é possível combinar estudo pela manhã com trabalho voluntariado à tarde. Com tantos atrativos, não espere mais para colocar a Cidade do Cabo no roteiro do seu intercâmbio.

Hora de voar de novo. Próximo destino: Oceania. Lá, estão localizadas a Austrália e a Nova Zelândia.

→ Austrália

Destinos mais procurados: Sydney e Gold Coast.

→ Nova Zelândia

Destinos mais procurados: Auckland (Ilha Norte) e Queenstown (Ilha Sul).

Tipos de intercâmbio (em ambos os países): Curso de idioma, estudo com trabalho, High School.

Quer sair do comum?

- Faça intercâmbio universitário nesses países.

Esses dois países têm muito em comum. São países jovens, com uma economia em crescimento. Quando falamos em país jovem, isso significa também uma população jovem. Com frequência, as cidades da Austrália estão no ranking das melhores cidades para se viver. Você encontra em ambos os lugares um alto IDH (Índice de Desenvolvimento Humano), segurança e um estilo de vida que prioriza a qualidade de vida.

Não são culturas de *workaholics* (em português, a expressão significa "viciados em trabalho"): a população preza pelos momentos de lazer e de estar com a família. São inúmeras praias limpas, parques e espaços ao ar livre para viver as cidades. A Nova Zelândia, embora pequena em termos de extensão territorial, tem em suas duas ilhas naturezas totalmente distintas a cada estação. Na ilha sul, no inverno, suas montanhas cobertas de neve atraem praticantes de ski e snowboarding. Já na ilha norte, você verá muitos rios, lagos e gêiseres. Essa proximidade com a natureza e com os esportes fez o país ser mundialmente reconhecido quando o assunto são esportes radicais.

Com relação ao câmbio, Nova Zelândia, Austrália e Canadá têm um câmbio bem próximo. Na ordem, seria assim:

- NZD (dólar neozelandês) — Costuma ter menor cotação na comparação.
- AUD (dólar australiano) — Costuma estar no meio.
- CAD (dólar canadense) — Costuma ser mais alto.

A diferença é de centavos, então os custos de um intercâmbio nesses três países serão muito próximos.

Conheça o site oficial de turismo dos países:

https://www.newzealand.com/br/.

https://www.australia.com/pt-br.

Confira agora um pouco de como é o clima nas duas cidades mais procuradas:

→ Austrália — Sydney

- Temporada de chuvas: Janeiro a abril, junho e novembro.
- Na média, o mês mais quente é janeiro.
- Na média, o mês mais frio é julho.
- Março é o mês mais úmido. Evite esse mês se você não gosta tanto de chuva.
- Julho é o mês mais seco.

→ Nova Zelândia — Auckland

- Na média, você encontrará temperaturas mais agradáveis nos meses de: Janeiro a março e dezembro.
- Temporada de chuvas: Maio a agosto.
- Na média, o mês mais quente é fevereiro.
- Na média, o mês mais frio é julho.
- Julho é o mês mais úmido. Evite esse mês se você não gosta tanto de chuva.
- Janeiro é o mês mais seco.

DESTINOS MENOS PROCURADOS

Se você estiver curioso para saber quais são os destinos menos procurados, eis a lista:

- ➤ Emirados Árabes — Dubai.
- ➤ Índia — Nova Deli.
- ➤ Coreia do Sul — Seul.
- ➤ Japão — Tóquio.
- ➤ Europa: Holanda, Suíça e Bélgica.

Por serem os menos procurados, são uma ótima escolha se quiser evitar muito contato com brasileiros.

Se a sua intenção é um programa universitário, conheça destinos alternativos, como Holanda, Suécia e Bélgica, que oferecem bolsas de estudos ou universidades parceiras do programa Erasmus, que promove intercâmbio entre universidades europeias e mestrado com bolsa em mais de um país.

Dubai, por sua vez, é um destino relativamente novo, com foco em intercâmbio. A grande atração é que a cidade fala inglês fluente (apenas nativos falam árabe) e não há limite de carga horária para se trabalhar. O processo de visto é muito facilitado pela escola, não é necessário comprovar renda e o risco de ter o visto negado é significativamente pequeno. Não existem muitas escolas na cidade ainda, e nem todas as agências trabalham com esse destino.

Particularmente, achamos a Índia um destino incrível; embora ainda não a conheçamos, está na nossa lista de países para conhecer. São reconhecidas como línguas oficias o híndi e o inglês, além dos dialetos locais. Atualmente, conhecemos oferta de escola de inglês apenas em Nova Déli, e lá, assim como na África do Sul, é possível se engajar em algum projeto de voluntariado. O sotaque do inglês da Índia possui características similares às do britânico devido à colonização do país.

Já os destinos Coreia do Sul e Japão são menos procurados por conta dos idiomas em si, que não são globais, no sentido de não serem usados em larga escala no mundo dos negócios. Quem opta por intercâmbio nesses países tem perfil mais jovem e vai porque gosta e acompanha o movimento artístico e cultural.

Agora que já demos o primeiro passo em direção à escolha do destino, vamos para o próximo capítulo, no qual falamos sobre cursos de idiomas, um dos tipos de intercâmbio mais procurados. Explicaremos como escolher a escola, o curso, a acomodação e tudo mais relacionado a ele.

INTERCÂMBIOS DE ESTUDO DE IDIOMAS

03

INTERCÂMBIOS DE ESTUDO DE IDIOMAS   03

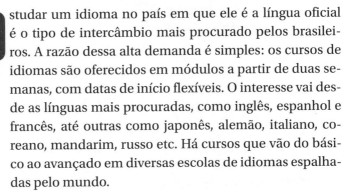

CURSOS DE IDIOMAS

Estudar um idioma no país em que ele é a língua oficial é o tipo de intercâmbio mais procurado pelos brasileiros. A razão dessa alta demanda é simples: os cursos de idiomas são oferecidos em módulos a partir de duas semanas, com datas de início flexíveis. O interesse vai desde as línguas mais procuradas, como inglês, espanhol e francês, até outras como japonês, alemão, italiano, coreano, mandarim, russo etc. Há cursos que vão do básico ao avançado em diversas escolas de idiomas espalhadas pelo mundo.

É interessante frisar que é possível fazer um intercâmbio para ter contato com o idioma a partir dos 4 anos e não há limite de idade para parar de aprender uma língua no exterior.

Dos 4 aos 17 anos, os intercambistas podem participar de programas de férias, acampamentos de verão ou inverno, preparação para universidades, programas em família, entre outros, que detalhamos mais à frente neste capítulo.

Geralmente a partir dos 15 ou 16 anos o intercambista pode se matricular em um curso de idioma para adultos, mas cada escola terá suas regras quanto à idade mínima. Também há opções de cursos específicos, como: preparatório de testes de idiomas, idiomas para

INTERCÂMBIO PARA TODOS

negócios, idiomas com atividade culturais, idiomas em turmas especiais por idade — acima de 30, 40, 50 anos, por exemplo.

Todo intercâmbio deve ser pensado conforme a necessidade do estudante. A seguir, conheça as principais etapas envolvidas nessa modalidade:

- ☑ Tirar passaporte (para quem ainda não tem).

- ☑ Decidir o destino: conforme dicas e orientações do Capítulo 2.

- ☑ Escolher a escola: vamos tratar desse tema neste capítulo.

- ☑ Escolher a acomodação: vamos tratar desse tema neste capítulo.

- ☑ Tirar o visto (para quem ainda não tem): o visto de turista ou estudante depende do tipo de programa escolhido, mas sempre é necessário fazer a matrícula primeiro e depois realizar sua solicitação. Vamos abordar mais esta questão no Capítulo 9.

- ☑ Comprar a passagem, seguro viagem e como levar dinheiro. Vamos abordar estas questões detalhadamente no Capítulo 8.

Neste capítulo, explicaremos como funcionam esses tipos de programa.

Considerando, então, o imenso número de ofertas de escolas, o que você deve levar em conta para escolher a sua? Como acertar na escolha sem correr o risco de se frustrar?

Se você seguir os passos que lhe ensinaremos e refletir sobre cada ponto que apresentaremos, garantimos que seu intercâmbio será um sucesso.

Pronto para começar?

PROGRAMAS ADULTOS PARA IDADES A PARTIR DE 16 ANOS

TIPOS DE CURSOS

→ Idiomas em geral

Os cursos que desenvolverão o estudante em todas as habilidades como falar, ouvir, escrever e ler são chamados de cursos gerais. A nomenclatura usada pelas escolas será sempre dessa forma: *General English, General Spanish, General French*, e assim por diante.

Portanto, quando estiver pesquisando, se você procura um curso completo — que lhe dê uma base de gramática, conversação e leitura —, esse tipo de curso atenderá a suas expectativas muito bem.

Os assuntos abordados em sala de aula são de tema comum a todos, como: atualidades, dia a dia, como expressar preferências pessoais. A ideia do conteúdo é todos terem repertório para poder participar ativamente das aulas.

→ Negócios

Os cursos voltados para o ambiente de negócios são para quem já tem uma boa base do idioma, entre os níveis intermediário e avançado.

Para poder se matricular em um curso desse tipo, na maioria das vezes é necessário fazer uma prova de idiomas composta de questões de gramática e redação. Algumas escolas ainda exigem uma entrevista por Skype para verificar se o nível de idioma do estudante é suficiente para conseguir acompanhar as aulas.

Cada escola tem a sua metodologia, e algumas são focadas mais em gramática e vocabulário de negócios, leitura de matérias jornalísticas do tema e conversação. Outras já avançam nas aulas para o desenvolvimento de habilidades executivas, como a condução de reuniões presenciais e por telefone, apresentações, negociações, comportamento e etiqueta intercultural.

→ Preparatórios para exames

Os cursos preparatórios para exames internacionais são específicos para cada tipo de prova de proficiência. Para esse tipo de curso, é necessário ter um conhecimento prévio do idioma compatível com o resultado esperado. O que queremos dizer com isso? O curso preparatório ensinará mais a usar o idioma para ter um melhor desempenho no teste do que o uso do idioma no cotidiano.

Esse tipo de curso é indicado para quem precisa fazer o teste de proficiência após a conclusão do curso preparatório, seja para continuar os estudos em cursos superiores, cursos específicos de formação profissional, trabalho ou imigração.

São alguns exemplos de cursos preparatórios:

- Inglês: TOEFL, IELTS, Michigan, Cambridge (PET, KET, CAE, CPE etc.), TOEIC, Celta.

INTERCÂMBIO PARA TODOS

- Francês: DELF, DALF, TCF e TEF.
- Alemão: Goethe, DAF e DSH.
- Espanhol: DELE e SIELE.
- Italiano: CILS e CELI.

→ Idiomas com turmas especiais por idade: 30+, 40+, 50+

Sabe aquele ditado: Nunca é tarde para realizar um sonho? Essa máxima vale para cursos de idiomas. Atualmente, graças à demanda desse público mais velho, as escolas criaram turmas especiais para alunos acima de 30 anos, geralmente oferecidas ao longo de todo ano, e para alunos acima de 40 e 50 anos, geralmente em datas específicas e sempre na baixa temporada (primavera e outono).

Essas turmas especiais para alunos acima de 40 anos contam com atividades diferenciadas, não disponíveis em um curso regular. Conforme a programação das escolas, elas podem incluir: aulas de história local, *city tours* com guias especializados em arquitetura, aulas de culinária, entre outras atividades.

→ Idiomas e atividades como: dança, culinária, fotografia, história da arte, arquitetura.

As escolas de idiomas têm oferecido cada vez mais cursos que misturam o ensino da língua com atividades culturais. Esse tipo de curso costuma ser de curta duração, variando entre duas e quatro semanas em média. Esses cursos são feitos para proporcionar aos alunos um contato maior com a cultura local e com assuntos de interesse do estudante. Geralmente, nesses cursos, as aulas de idiomas acontecem de manhã, e à tarde são realizadas as atividades especiais.

→ Trabalho voluntário

Você sabia que morar no exterior fazendo algum tipo de trabalho voluntário é uma modalidade de intercâmbio? Pois bem, se você já tem um nível intermediário de inglês e quer passar uma temporada transformando comunidades, ajudando a preservar a natureza, plantando uma semente para um mundo melhor, essa é a sua oportunidade.

INTERCÂMBIOS DE ESTUDO DE IDIOMAS | 57

Tal modalidade de intercâmbio é oferecida por agências ou organizações não governamentais. O país mais procurado pelos brasileiros é a África do Sul, mas há também muitos projetos pela América Central.

Na África do Sul, alguns projetos têm parceria com escolas de idiomas, o que facilita bastante o processo para o candidato. Algumas oferecem, inclusive, a possibilidade de estudar de manhã e fazer o trabalho voluntário à tarde ou apenas ser voluntário em período integral.

As áreas em que os voluntários podem atuar costumam ser:

- Educação infantil: Ensinar ou auxiliar professores.
- Preservação ambiental e animal.
- Cuidados com idosos.
- Fazendas orgânicas.
- Projetos diversos que podem ou não envolver crianças em orfanatos.

É importante o voluntário entender que ele não escolherá o que fazer, uma vez que as tarefas serão divididas quando ele chegar ao destino. É preciso ter a mente aberta e muito respeito pela cultura local e pelas regras do voluntariado. Nem sempre o trabalho será fazer carinho e brincar com filhotes de leão. Poderá ser a limpeza do terreno, a preparação da comida deles, ou seja, tarefas mais pesadas e talvez, para algumas pessoas, menos agradáveis, mas não menos importantes. Os programas de voluntariado podem ser curtos, a partir de duas semanas, podendo durar até meses. Os alojamentos são simples, e o voluntário está sujeito a imprevistos. Por exemplo, no final de 2017, a cidade de Cape Town passou por uma forte crise hídrica, e toda a cidade entrou em campanha para economia de água. Como voluntária, a pessoa não pode simplesmente querer continuar tomando banhos de 20 minutos. Parece óbvio? Pois não é. Voluntariado é trabalho, muito trabalho. Mas quem já foi, não cansa de repetir: será a melhor experiência da sua vida.

DIFERENÇA DO INTERCÂMBIO VOLUNTÁRIO X VOLUNTURISMO

Existe uma nova forma de viajar, que é o volunturismo, ou seja, a troca de trabalho por acomodação, seja em hostel, fazendas, com família etc.

O volunturismo difere do intercâmbio voluntário pois não há um componente educacional estruturado e planejado como objetivo da viagem.

Algumas pessoas que fazem volunturismo podem até fazer algum curso durante a experiência, porém esse não costuma ser o padrão. Quem faz esse tipo de viagem, em sua maioria o faz para economizar e fazer turismo. Nessa modalidade de viagem, todo planejamento é feito sozinho, por meio de sites e aplicativos, assim como a negociação com os anfitriões.

Já quem faz um voluntariado junto com o estudo de um idioma, ou mesmo que seja apenas o voluntariado sem os estudos, não é uma troca de trabalho por acomodação. Nesse tipo de intercâmbio, o voluntário paga sua acomodação, alimentação e demais despesas, porque quer praticar o idioma ao mesmo tempo em que contribui para aquele projeto, além disso, tem à disposição suporte e estrutura da escola, que faz toda a interface de seleção dos projetos e voluntários.

ESCOLHENDO A ESCOLA E O CURSO

A primeira coisa que você precisa entender é que uma escola é boa ou ruim a depender de quem estudou lá. Uma escola ruim para um pode ser boa para outra pessoa e vice-versa. Por que isso acontece? Porque cada experiência é única, cada pessoa viaja com certas expectativas, que são ou não atendidas durante o intercâmbio. O que você mais precisa levar em consideração na hora de escolher uma escola é quem é você. Qual é o seu perfil de estudante? Qual é o seu perfil profissional? Qual é o seu objetivo? A partir das suas características, você buscará uma escola que se encaixe no seu perfil, conforme conversamos na metodologia do Capítulo 2.

Conheça mais dos perfis das escolas de idiomas e o que isso interfere no serviço que elas prestam.

Perfis dos centros de ensino de idiomas:

☑ **Escolas globais:** São administradas por grandes grupos educacionais e possuem escolas em mais de um continente. Essas escolas também oferecem uma gama maior de cursos além dos gerais, como, por exemplo, idiomas para negócios, preparatórios para exames de proficiência, cursos para formação de professores, entre outros. Outra característica é que são escolas que seguem o mesmo padrão na metodologia de ensino, nos livros, na infraestrutura e no perfil de contratação dos professores. Ou seja, toda a experiência, desde a identidade visual até a prova que você fará, segue um padrão. Os grupos educacionais que fazem a gestão dessas escolas são tão grandes, que alguns possuem duas marcas de escolas, cada uma com um perfil diferente. Até mesmo a localização dessas escolas segue certo padrão. Algumas estão sempre no centro da cidade, outras têm como diferencial serem localizadas dentro de universidades.

☑ **Escolas locais:** São escolas menores, que trabalham apenas em um país, algumas têm filiais em várias cidades daquele país, enquanto outras podem ter apenas uma unidade. Muitas dessas escolas são tradicionais, com gestão familiar passando de geração em geração. A maioria das escolas globais foi um dia uma escola local. Que fique claro que há excelentes escolas locais, escolas que, por serem menores, oferecem mais atenção ao aluno, ou que, por serem familiares, fazem com que você se sinta parte dessa família. Em termos de infraestrutura, elas podem ser tão modernas quanto uma escola global ou também bem mais simples — sem tanta tecnologia no ensino, como: *smartboards* (lousas interativas) e plataformas online de conteúdo e exercícios. Por outro lado, podem ser mais flexíveis, já que não precisam seguir um padrão.

☑ **Programas de línguas em universidades:** Muitas vezes, os estudantes que estão matriculados em programas de graduação ou pós em universidades no exterior precisam de um reforço do idioma antes de começar o curso ou até mesmo durante. Por isso, muitas universidades e faculdades desenvolveram cursos de aperfeiçoamento de línguas. Esses cursos geralmente são administrados por um departamento exclusivo de promoção do idioma e cultura, e são abertos à comunidade. Nas universidades, esses programas costumam acontecer apenas algumas vezes por ano, com datas específicas de início e fim, assim como por um período mínimo determinado, por exemplo, três meses.

O principal cuidado ao escolher uma escola é pesquisar a sua solidez no mercado. Há quantos anos essa escola existe? É uma escola que, pela estrutura, nível dos professores e avaliação dos alunos e ex-alunos, tem tradição no ensino? Quais são as certificações de qualidade ou governamentais para funcionamento que a escola possui? Isso é importante para não cair em ciladas.

Se você abrir o Google e digitar: "Brasileiros levam golpe de escola de idioma", verá uma série de notícias de escolas que simplesmente fecham as portas sem aviso prévio, deixando funcionários e estudantes prejudicados. São escolas gerenciadas por pessoas de má-fé ou sem experiência, que não conseguem se manter abertas.

Outros pontos a observar:

> Nas escolas de idiomas, as datas de início e duração do curso são mais flexíveis. Já nos centros de línguas de universidades, o período do curso é predeterminado.

> O preço do curso nas universidades também pode ser bem maior do que um curso regular oferecido nas escolas de idiomas.

> Uma escola global pode até encerrar centros por questões de estratégia, mas sempre terá outra opção para lhe oferecer.

> Escolas dentro de universidades, sejam elas independentes, redes ou operadas pela própria instituição, dão acesso ao estudante a algumas infraestruturas do campus, como academia, refeitório, residência estudantil, biblioteca e às vezes até mesmo assistir a aulas de graduação.

Veja agora mais pontos para considerar na hora de escolher a sua escola, seja ela global, local ou uma universidade.

ENTENDENDO A DATA DE INÍCIO DO CURSO

Para planejar as datas do intercâmbio, é essencial entender como funciona o calendário das aulas. Sem isso, a compra da passagem, por exemplo, pode ser feita na data errada e atrapalhar todo o intercâmbio.

As escolas geralmente trabalham com o seguinte calendário das aulas:

Início às segundas-feiras: Isso significa que, toda segunda-feira, alunos novos podem ingressar em uma turma. As lições são modulares por semana, então um novo assunto é introduzido na segunda e finalizado na sexta, dessa forma, todos os alunos conseguem estar sempre no mesmo nível e lição. Nessas escolas você tem flexibilidade de comprar quantas semanas de curso desejar.

Inícios específicos: Algumas escolas trabalham com blocos de sessões de 4 em 4 semanas. Então, o recomendado é que todos os novos alunos iniciem as aulas na mesma data. Algumas escolas que funcionam dessa forma não vendem número ímpar de semanas de curso, apenas blocos de 4, 8, 12 semanas, e assim por diante, pois é assim que a estrutura de ensino foi montada.

Inícios para iniciantes ou cursos específicos: Algumas escolas trabalham com datas específicas de início para alunos iniciantes no idioma. O mesmo acontece com cursos específicos, como: turmas acima de 50 anos, preparatório para exames, entre outros. O calendário da escola para esses cursos é diferente do idioma geral.

HORÁRIO DE ESTUDO

Cada escola tem o seu perfil quando o assunto é horário de estudo. Veja a seguir:

Escolas que garantem horário de manhã: Isso significa que seu curso começará entre 8h e 9h, obrigatoriamente.

Escolas que não garantem horário: Isso significa que a escola tem turmas no período da manhã e turmas no período da tarde, e você só saberá seu horário de estudo no primeiro dia de aula, quando é feita a prova de nível do idioma.

Escolas que têm horários intercalados (double bank): Isso significa que você estudará, por exemplo: segunda, quarta, sexta de manhã e terça e quinta à tarde, ou ao contrário. Seu horário também será definido no primeiro dia de aula, após a prova de nivelamento.

Escolas em que você poderá escolher o horário: Isso significa que você poderá comprar o curso e escolher o horário no qual deseja estudar. Nesse caso, geralmente os cursos da manhã são mais caros e os cursos da tarde e noite, mais baratos. Caso compre um curso em um determinado horário, e por algum motivo depois de algum tempo queira mudar, havendo vaga na turma do seu nível, você poderá fazer a troca pagando a diferença, se houver.

PENSE NISSO!

O horário das aulas vai variar conforme a carga horária de estudo escolhida. Mais à frente neste capítulo, você entenderá essa relação, para decidir o que é melhor para o seu caso.

Quando as escolas oferecem horários noturnos de aulas, é comum considerarem aulas iniciando entre 16h e 17h, e terminando no máximo às 21h.

LOCALIZAÇÃO

A maioria das escolas escolhe o centro das cidades como localização, isso porque os alunos terão mais facilidade de chegar, independentemente de onde estiverem hospedados, além das facilidades que qualquer centro de cidade pode oferecer, como: comércio, restaurantes e pontos turísticos. Ainda assim, há escolas que estão localizadas em áreas mais residenciais e mais afastadas do centro. Esse perfil de localização é mais de escolas locais. A vantagem dessas localizações é exatamente fugir do comum, proporcionando ao intercambista a oportunidade de estudar em um bairro que talvez não fosse conhecer.

PREÇO

O ditado popular "o barato sai caro" é a melhor forma de abordar o tópico de como escolher uma escola. Se você pesquisar preços, verá que as escolas globais têm preços muito similares, e que as escolas locais também têm entre si preços parecidos. Isso porque, como estão no mesmo patamar de serviço, é natural que entre os valores cobrados não haja uma diferença muito grande. Novamente, para não cair em cilada: pesquise.

Se você cotou um intercâmbio de quatro semanas em cinco escolas, e em quatro delas ele custa, por exemplo, entre R$9.500 a R$11 mil, e em apenas uma o valor está entre R$7 mil a 8 mil, acenda um alerta. Se o país é o mesmo, ou seja, não tem variação de câmbio, pense por quais razões essa escola está mais barata. Ou melhor, o que será que essa escola mais barata não tem? Você pode querer argumentar conosco que nem sempre o mais caro é o melhor, e concordamos. Mas, convenhamos, quando o assunto é ensino, é impossível que o preço não impacte na prestação do serviço, seja no material didático, seja na infraestrutura ou até mesmo na qualidade dos professores.

Normalmente, cursos de inglês em universidades são bem mais caros — quase o dobro — do que em escolas apenas de idiomas, mas convenhamos que não se pode comparar um campus universitário com uma escola que possui dois andares em um prédio comercial.

Outro fator a considerar em relação ao preço é que algumas escolas locais foram fundadas por brasileiros ou têm muitos brasileiros na equipe de vendas. Com isso, eles trabalham fortemente a questão de preços mais agressivos e muito marketing nas redes sociais no Brasil, fazendo com que o número de brasileiros nesse perfil específico de escola seja mais alto. O mesmo ocorre em outros países, como: escolas que têm mais alunos italianos ou chineses, pois focam mais esses mercados.

MIX DE NACIONALIDADE

Mix de nacionalidade é a porcentagem de alunos de todas as nacionalidades que já passaram pela escola. As escolas que têm a preocupação de criar um ambiente internacional para o aluno têm essa informação tanto mensal quanto anual. Quer estudar em julho? Peça para conhecer o mix de nacionalidade desse mês. Isso lhe dará uma ideia, e, assim, ao chegar lá, você não se frustrará descobrindo que 60% dos alunos são asiáticos ou que 50% são brasileiros. Como é uma informação retroativa, pode haver mudanças, mas dificilmente será algo significativo.

As escolas que controlam o mix de nacionalidades não aceitam mais matrículas de determinadas nacionalidades quando estas atingem entre 15% e 20% do total de alunos da escola. Isso acontece, principalmente, na alta temporada. Por exemplo, vamos pensar em uma escola de Toronto que tenha capacidade para 300 alunos. Desses 300 alunos, a escola já tem 30 brasileiros estudando lá, ou seja, 10% do total. Na alta temporada, a escola recebe mais 30 matrículas de brasileiros e então atingirá os 20% de brasileiros na escola. Nesse momento, a escola avisa às agências de intercâmbio no Brasil de que não receberá mais matrículas para aquele período específico, que pode ser de 4 semanas ou mais. A escola bloqueia as datas até que os brasileiros que estão lá terminem o programa e só após reabrirá vagas. Se você tiver interesse nesse tipo de escola, não deixe sua matrícula para a última hora, pois você pode não achar mais vaga, especialmente se forem os meses de alta temporada no destino escolhido.

NÚMERO DE ALUNOS POR SALA

O padrão nas escolas de idiomas é de 10 a 15 alunos por sala. Turmas menores, de 4 a 8 alunos, são oferecidas em cursos bem específicos, como: inglês para negócios, inglês para advogados, inglês para médicos, preparatórios para exames de proficiência etc. Encontrou alguma escola fora desse padrão? Desconfie e pesquise mais para ter certeza de que não é cilada.

ATIVIDADES SOCIAIS, PASSEIOS E VIAGENS

Muitas escolas têm uma programação de passeios e viagens. Geralmente, essas programações variam conforme o mês e as estações do ano. No inverno, podem oferecer passeio para patinar no gelo, enquanto no verão, ingressos para algum festival de música. Isso significa que você não saberá de antemão qual será a programação de atividades de sua escola. Algumas escolas globais têm um site em que você consegue acessar essas informações, mas, na maioria das vezes, você será apresentado a essas atividades no primeiro dia de aula. As escolas também possuem um mural fixo no café ou em algum corredor com diversas sugestões de pontos turísticos para visitar. Muitas atividades serão gratuitas, outras, pagas, e as viagens serão organizadas por agências locais parceiras das escolas. As atividades não acontecem apenas durante o dia. Quando eu, Carol, fiz meu intercâmbio, em Santiago, no Chile, a escola oferecia uma degustação de Pisco aos novos alunos toda terça-feira à noite em parceria com um hostel, às quartas-feiras ganhávamos desconto em uma balada e às quintas-feiras ganhávamos um drinque na festa Spanglish. Tudo isso expandiu bastante as possibilidades de praticar o idioma e conhecer mais gente.

TESTE DE NIVELAMENTO DO IDIOMA

Na maioria dos casos, ele é feito no primeiro dia de aula do intercambista. Algumas escolas globais têm no site uma área em que os alunos matriculados podem fazê-lo antes da viagem. Ainda assim, o teste oral será feito no primeiro dia de aula.

Quando o teste é necessário antes da viagem:

- ➤ Quando o intercambista deseja fazer algum curso preparatório de proficiência do idioma.

- ➤ Quando o intercambista deseja fazer um curso específico, como: inglês para negócios, inglês para advogados, médicos, aviação etc.

CERTIFICADO DO CURSO

Você sempre ganhará da escola um certificado do nível que alcançou durante seus estudos. Ele é entregue aos alunos no último dia de aula e serve para comprovar a vivência no exterior.

DURAÇÃO

Os cursos de idiomas são oferecidos a partir de duas semanas, com exceções de escolas que oferecem cursos de uma semana.

O tempo do curso nem sempre depende apenas da nossa vontade, há uma série de questões profissionais e pessoais envolvidas. Por isso, não existe uma regra sobre aquilo que seria a duração perfeita de um intercâmbio, mais, sim, existe o que melhor se encaixa a você.

Claro que poder estudar fora por seis meses é melhor que duas semanas, mas também dá para aprender bastante em cursos de curta duração.

Ainda assim, podemos sugerir por experiência própria combinações mais próximas do ideal entre duração e carga horária.

Para entender melhor como essa combinação é importante, entenda agora como funciona a carga horária das escolas.

CARGA HORÁRIA

Primeiro ponto importante: A hora-aula das escolas varia entre 45 e 50 minutos.

Logo, se você comprar um curso de 20 aulas semanais, estudará 15 horas semanais em uma escola com hora-aula de 45 minutos, e 16,5 horas em uma escola com hora-aula de 50 minutos.

As cargas horárias mais comuns são:

- **13 aulas semanais.**
- **15 aulas semanais.**
- **17 aulas semanais.**
- **20 aulas semanais.**

Essas quatro cargas horárias são as mais comuns. Muitos intercambistas que as escolhem querem ter mais tempo para passear. Eles já contam com boas noções do idioma e desejam aprimorar os conhecimentos que já possuem. Nos Estados Unidos, quem escolhe 20 aulas semanais pode viajar com visto de turista, por isso, é uma carga horária bem procurada. Outros que farão curso de longa duração (acima de seis meses) as escolhem para não ficar tão cansativo, uma vez que já vão morar fora por um período maior. Dependendo da escola, quando a carga horária é muito baixa, como 13 ou 17 aulas por semana, muitas vezes as aulas são de segunda-feira a quinta-feira.

Nas opções acima, o horário das aulas varia conforme o país e o perfil de horário oferecido pela escola. Para efeito de exemplo, vamos pensar na carga horária de 20 aulas semanais, sendo 45 minutos a hora-aula.

Escolas que garantem horário de manhã: Geralmente, as aulas têm início entre 8h30 e 9h30, com término entre 11h30 e 12h30.

Escolas com horário intercalado (*double bank*): Um dia, você estudará de manhã, geralmente no mesmo horário das escolas que garantem horário de manhã, e no outro, você estudará à tarde, com início entre 13h e 13h30, até 16h e 16h30.

Nas escolas que não garantem horário ou que você escolhe o horário em que estudará, as aulas costumam ser no mesmo período das opções acima, ou seja, você estudará três horas por dia sempre de manhã ou sempre de tarde.

As opções intermediárias de carga horária são:

- **24 aulas semanais.**
- **25 aulas semanais.**

Essas duas cargas horárias são as intermediárias, ou, como são chamadas pelas escolas: *semi-intensive* (semi-intensivas). Agrada o aluno que quer ter mais aulas do que apenas o horário regular, mas sem comprometer tanto seu tempo livre. Também são mais recomendadas para quem tem pouca base do idioma e precisa estudar mais para alcançar um nível intermediário ou avançado.

Para efeito de exemplo, vamos pensar na carga horária de 25 aulas semanais, sendo 45 minutos a hora-aula:

Escolas que garantem horário de manhã: Na parte da manhã, geralmente as aulas são entre 9h até 11h30, e a tarde você fica na escola das 13h às 14h30. Só permanecem na escola no período da tarde os alunos que comprarem uma carga horária de estudos maior.

Escolas com horário intercalado (*double bank*): Mesmo com a carga horária maior, o horário de estudo continuará intercalado durante a semana. O que muda é que o tempo na escola será maior tanto pela manhã, quanto à tarde. Por exemplo, o horário pode ser alguns dias das 8h às 12h e outros, das 13h às 17h.

Nas escolas que não garantem horário ou naquelas em que você o escolhe, as aulas costumam ser no mesmo período das opções acima.

Por último, temos as cargas horárias intensivas (*intensive*):

- **28 aulas semanais.**
- **30 aulas semanais.**
- **38 aulas semanais.**

FIQUE LIGADO!

O horário das aulas varia muito. Demos aqui apenas algumas estimativas.

Consulte sempre a escola para obter as informações exatas.

Para quem quer realmente focar o aprendizado do idioma e não está muito preocupado em ter tempo livre para passear, um ponto a se pensar é que, quanto menor a duração do intercâmbio, maior pode ser a sua carga horária. Lembre-se de que a passagem e o seguro viagem custarão o mesmo preço, assim como a taxa de matrícula da escola. Então, se o seu intuito é realmente estudar e aprender bem o idioma, essas cargas horárias são as ideais para você.

Para efeito de exemplo, vamos pensar na carga horária de 30 aulas semanais, sendo 45 minutos a hora-aula:

Escolas que garantem horário de manhã: De manhã, geralmente as aulas são entre 8h e 12h e à tarde, entre 13h e 17h45.

Escolas com horário intercalado (*double bank*): Mesmo com a carga horária maior, seu horário de estudo continuará sendo intercalado durante a semana. Um dia suas aulas podem ser das 8h às 12h45, e em outros, das 12h às 17h.

Nas escolas que não garantem horário ou naquelas em que você escolhe o horário em que estudará, as aulas costumam ser no mesmo período das opções acima.

A combinação ideal entre duração e carga horária é a que se encaixe a seus objetivos.

Com base no que explicamos sobre carga horária, você acha que o perfil de quem estuda 13 aulas por semana é igual ao de quem estuda 25? O perfil ou os objetivos de quem estuda 20 aulas são iguais aos de quem estuda 30?

Imagine as duas situações a seguir:

A. Profissional, 45 anos, tem três semanas de férias, precisa do inglês porque a empresa está sendo comprada por uma multinacional. Já viajou por diversos países, tanto a turismo quanto a trabalho.

B. Adolescente, estuda inglês desde os 9 anos em escola de idiomas no Brasil e já tem certificado de Cambridge. Ganhou o intercâmbio de 3 meses dos pais antes de iniciar a faculdade. Quer vivenciar outra cultura e treinar o inglês.

Qual é a carga horária ideal para esse profissional? Recomendaríamos 30 aulas semanais ou mais.

E para esse adolescente? Qualquer uma entre 13 e 20 aulas semanais.

Perceba que, em cada combinação, conforme o perfil do aluno e seus objetivos, tudo muda. Então, ao escolher sua carga horária, pense: Com quem eu quero estudar?

Novamente, não é uma questão de um ser melhor do que o outro, mas de, ao chegar lá, encontrar um ambiente mais próximo das suas necessidades. Além disso, é impossível afirmar que só haverá um perfil de idade em cada carga horária. É mais adequado dizer que, na escolha da carga horária, quem escolhe uma carga horária menor, quer combinar o idioma com muitos passeios turísticos, e quem opta por uma carga horária maior, geralmente tem um objetivo muito específico a atingir.

A seguir, vamos abordar os tipos de intercâmbio para estudo de idiomas por menores de idade.

PROGRAMAS DE FÉRIAS OU ACAMPAMENTOS DE VERÃO/INVERNO (SUMMER/WINTER CAMPS)

Praticamente todas as escolas de idiomas ao redor do mundo têm como exigência para matrícula a idade mínima de 16 anos para estudantes viajando sozinhos. Então, como um adolescente de 13 anos ou menos pode viajar? São os chamados programas em grupo, ou seja, a criança ou o adolescente fará um programa com datas e atividades determinadas, sempre com supervisão de monitores maiores de idade.

Dessa forma, as escolas conseguem atender a um público de crianças e adolescentes de idades que vão desde os 7 até os 15 anos. Esses programas são flexíveis e aceitam também estudantes de 16 e 17 anos que preferem uma viagem em grupo.

Os programas acontecem apenas nos meses de janeiro ou julho, período das férias escolares brasileiras, com duração que varia de 2 até 6 semanas.

Os programas mais populares são os realizados pelas agências de intercâmbio e também por organizações como a ACM Brasil (Associação Cristã de Moços) e CISV (Children's International Summer Village).

A categoria de programa de férias pode ser subdividida em três tipos:

Programa de férias em grupo com acompanhamento de líder do Brasil: É quando uma agência cria, em parceria com as escolas internacionais, programas com tudo incluso, como: curso, acomodação, plano de refeições, seguro, passeios, viagens e acompanhamento de líder que sai do Brasil junto com os estudantes. Ou seja, nessa modalidade, os pais costumam se sentir mais seguros, pois toda parte de aeroporto, voos de conexão, imigração e traslados, é feita com o grupo acompanhado de adultos. Esses grupos podem ter até 80 estudantes, dependendo do destino. Nesses programas, as datas já são predefinidas, ou seja, não há flexibilidade. Quando pesquisar sobre o valor deles, verifique se a passagem aérea está inclusa ou se será cobrada separadamente. A acomodação nos programas de férias em grupo é normalmente realizada em residências estudantis, dentro de campi universitários em julho ou em casas de família em janeiro. Os estudantes ficam em quartos individuais, duplos, triplos ou até quádruplos, conforme a disponibilidade das acomodações. Alguns programas de férias incluem viagens antes ou ao final do programa, nas quais os estudantes se hospedam em hotéis ou em hostels.

A decisão de fazer uma viagem em grupo ou sozinho é muito pessoal, e cabe à família e ao intercambista avaliar se está pronto para fazê-la por conta própria.

Juliana Freitas, de 16 anos, sentiu-se confiante e embarcou sozinha para 8 semanas em Boston, enquanto Suzana Yano preferiu a viagem em grupo para Vancouver, no Canadá.

Suzana explica sua escolha:

"A viagem em grupo é uma experiência única. A melhor coisa sobre fazer um intercâmbio de férias é poder conhecer pessoas de cada canto do mundo, experimentar comidas novas, visitar lugares mágicos, aprimorar um idioma, criar independência e ganhar muita experiência. O único ponto fraco da viagem é que ela tem fim. A dica mais valiosa que eu poderia dar a alguém que está com medo de viajar é ter muita coragem e não se sentir inseguro. Afinal, todo mundo que realiza um intercâmbio está aprendendo, ou seja, errar é uma parte da aprendizagem; então, não tenha medo de errar."

INTERCÂMBIOS DE ESTUDO DE IDIOMAS 71

Keiko Yano, mãe de Suzana, conta também o que levou em consideração:

 "Não queria que minha filha fosse viajar sem um líder. Como seria sua primeira viagem sozinha, queria ter a segurança de ter um responsável por perto. Sempre achei que uma viagem em grupo seria melhor. Queria que tivesse menos brasileiros, mas, por ser alta temporada, sabia que seria difícil. A decisão foi de todos: pais e filha."

Em matéria de intercâmbio, é importante que o leitor entenda uma coisa: não existe certo ou errado, melhor ou pior. Cada pessoa é única, assim como cada programa. Na modalidade em grupo, todo o roteiro está montado, então é necessário alinhar as expectativas com o intercambista de que ele não fará o que quiser, quando quiser. Viajar em grupo é pensar sempre no coletivo em primeiro lugar: se eu me atrasar, o grupo se atrasa, se o passeio depois da aula na quinta-feira é o zoológico, não adianta eu reclamar que queria ir ao museu da ciência. Durante os cursos, os estudantes se misturam com alunos de outros países que estão na escola naquele período, mas, ainda assim, há o predomínio de brasileiros nas classes e nos passeios após as aulas. Uma desvantagem é que se acaba falando mais português durante o intercâmbio. O curso do idioma acontece pela manhã, as turmas podem ter entre 8 e 15 alunos e todos recebem um certificado de participação no último dia de aula. O programa em grupo aceita alunos com todos os níveis do idioma.

Programa de férias internacional com embarque individual sem acompanhamento de líder: O conceito dessa modalidade é igual ao programa em grupo, com poucas diferenças: o embarque é individual, não tem líder ou acompanhante, o intercambista tem mais flexibilidade de montar a duração do seu programa a partir de duas até oito semanas e ele terá um contato maior com alunos de outras nacionalidades, não apenas na escola, mas também na acomodação.

Embora o estudante não tenha o acompanhamento durante o voo, no aeroporto e na imigração, contará com supervisão 24 horas dos monitores da escola assim que chegar ao destino, ou seja, terá o mesmo cuidado que no programa em grupo. O traslado do aeroporto na ida e na volta é um item obrigatório e incluso no programa.

O diferencial dessa modalidade é oferecer mais opções de destinos e atividades.

Há programas em que o estudante pode se dedicar integralmente a atividades do seu interesse, como: fotografia, culinária, moda, cinema, artes etc. Nesse caso, o nível de idioma deve ser no mínimo intermediário para o aluno poder acompanhar e aproveitar as aulas. Outros programas são voltados para quem gosta de esportes e deseja ter aulas com treinadores profissionais de futebol, golfe, tênis, ski, entre outros.

A habilidade na atividade de interesse pode variar de iniciante a avançado (consulte sempre a exigência do programa que você escolher). Há programas que incluem aulas de idiomas, gerais ou específicas, como conversação, redução de sotaque e preparatórios para testes, entre outros temas relacionados ao desenvolvimento da língua. Quem deseja uma preparação mais acadêmica, também encontra opções como programas pré-universitários para vivenciar a experiência de um campus universitário e entender como são as aulas.

Programa de férias em família: Nessa modalidade, o programa pode ser formatado de duas maneiras para acomodar os interesses de toda a família. A primeira maneira é escolher uma escola de idiomas que ofereça turmas separadas por idade, assim, os pais estudam na turma de adultos e os filhos, com as outras crianças, garantindo, assim, um melhor aproveitamento em sala de aula e atividades interessantes para a faixa etária. Assim como acontece nos programas em grupo, esse formato também oferece atividades e passeios em grupo com outros estudantes.

A segunda maneira é buscar um programa de férias local para as crianças, também conhecido como *Day-Camps*; nesse tipo, não é necessário que os pais estudem. Fica sob a responsabilidade dos pais levar e buscar seus filhos diariamente, porém, em alguns programas, é permitido que estudantes a partir de sete anos durmam no acampamento. Mesmo que os pais não façam um programa de estudos, a escola pode ajudar a encontrar uma acomodação para a família toda. Há maior oferta desse tipo de programa tanto para matrícula direta quanto nas agências de intercâmbio que operam no Brasil.

Nesses dois formatos de intercâmbio, não há embarque em grupo, e a família tem flexibilidade de escolher a duração do programa e os voos conforme suas necessidades e preferências.

Como vimos neste capítulo, intercâmbio não tem idade, e há programas para todos os perfis.

No próximo capítulo, explicaremos os intercâmbios com foco acadêmico.

INTERCÂMBIOS NO ENSINO MÉDIO

INTERCÂMBIOS NO ENSINO MÉDIO 04

Neste capítulo, você conhecerá as viagens de estudos acadêmicas, programas que podem ser cursados parcial ou integralmente no exterior e que têm equivalência no sistema de ensino brasileiro. Neste capítulo, focamos os programas de Ensino Médio e, no Capítulo 5, os de Ensino Superior. Ambos tipos de programas tem apresentado um grande crescimento em procura e matrícula pelos brasileiros. Você sabia que algumas universidades internacionais aceitam o ENEM como prova de admissão?

As instituições de ensino de vários países também percebem no Brasil um grande potencial, tanto do ponto de vista de perfil dos alunos quanto do ponto de vista de crescer sua participação no mercado brasileiro. Por esses motivos, escolas e universidades estrangeiras participam ativamente das feiras de intercâmbio brasileiras, podem oferecer bolsas de estudos e são muito abertas para receber contato dos interessados nos programas, seja diretamente com uma equipe dedicada a alunos internacionais, seja por meio de representantes próprios ou de agentes de intercâmbio.

Vamos entender mais detalhadamente como funciona o Ensino Médio no exterior.

ENSINO MÉDIO (HIGH SCHOOL)

Cursar um semestre ou um ano letivo de Ensino Médio no exterior é o sonho de muito adolescente. Nosso

INTERCÂMBIO PARA TODOS

imaginário é alimentado há anos com histórias e personagens que habitam o universo do Ensino Médio, do romance entre Sandy e Danny, em *Grease, nos Tempos da Brilhantina*, passando pelas aventuras de Ferris Buller matando aula em *Curtindo a Vida Adoidado*, às relações de amizade em *Patricinhas de Beverly Hills* e *Meninas Malvadas*, ao romance adolescente inspirado em Shakespeare *10 Coisas que Eu Odeio em Você*, até os mais recentes sucessos de séries, como *High School Musical, Glee* e *Sex Education.*

Séries e filmes que, além de mostrar o amadurecimento e conflitos dessa fase da vida, exploram a vida em uma escola, com suas aulas de artes, música, esportes e os clássicos armários individuais no corredor.

O perfil das escolas que são mostradas nos filmes tem muitos aspectos semelhantes aos das escolas que recebem estudantes internacionais. São escolas preocupadas em oferecer uma formação ampla, preparando os alunos não apenas para o conhecimento lógico-matemático, mas também para o desenvolvimento de habilidades socioemocionais, visando ajudá-los a encontrarem seus talentos. Por isso, a variedade de matérias e atividades extras.

Há escolas que ensinam marcenaria, cerâmica, hospitalidade, culinária, música, fotografia, negócios, comunicação, robótica, entre outros. De maneira geral, a infraestrutura de escolas e laboratórios é muito completa. É possível também participar de times de futebol, vôlei, basquete, nas *marching bands* e *cheerleaders*. O calendário de esportes nas aulas de educação física muda conforme o clima. Nos meses de primavera e verão, priorizam-se esportes ao ar livre, como futebol americano (*football*), corrida e futebol como conhecemos, chamado nos Estados Unidos de *soccer*. Já nos meses mais frios do outono e inverno, os alunos podem escolher os esportes *indoors* (realizados em espaços fechados), como basquete. Tudo dependerá também da estrutura da escola e das características locais. Os estudantes terão também um orientador na escola para ajudá-los a escolher as matérias e a fazer eventuais mudanças, se necessário.

Para o adolescente, é talvez um dos primeiros gritos de liberdade, autonomia e autoconhecimento. Quanto mais novos somos, a tendência é termos um espírito mais curioso e corajoso, o que são características excelentes para viver um intercâmbio.

Para os pais, é a insegurança de não estar perto dos filhos caso algo aconteça, seja uma gripe, seja um conflito com amigos, com a escola ou com a família hospedeira. Assistir a tudo a distância é uma situação, por vezes, angustiante, e essa sensação é totalmente compreensível. As vitórias também serão comemoradas por Skype, telefone ou aplicativos de conversa, como o WhatsApp, o abraço ficará guardado para dali a seis meses ou um ano. Quando um adolescente vai fazer um intercâmbio, toda a família passa pela experiência junto, por isso, é tão importante que as expectativas de pais e filhos estejam alinhadas.

Para quem deseja fazer esse tipo de intercâmbio, vamos esclarecer agora as principais dúvidas e como se planejar.

COMO FICAM MEUS ESTUDOS NO BRASIL, VOU PERDER O ANO? COMO VALIDAR AS NOTAS DAS MATÉRIAS CURSADAS DURANTE O INTERCÂMBIO?

A primeira dúvida é se o estudante perderá o ano letivo no Brasil, e a resposta é não. É possível fazer a equivalência do intercâmbio. O processo de retorno às aulas no Brasil pode variar de acordo com o país para o qual o estudante vai, o tempo de duração do programa e as exigências da escola brasileira em que o intercambista pretende estudar quando voltar. Por isso, o ideal é conversar com a escola antes da viagem para acertar quais serão os critérios para rematrícula do aluno no retorno do intercâmbio.

Embora as exigências possam variar, algumas delas são comuns à maioria das escolas no Brasil:

- ☑ Cursar as matérias mínimas exigidas pelo MEC no exterior: Matemática, biologia ou química (ciências), história ou geografia (estudos sociais), um esporte e um idioma.

- ☑ Ser aprovado em todas as matérias cursadas: Em caso de notas baixas, reprovação ou não ter cursado alguma das matérias exigidas, terá que negociar com a escola no Brasil em que retomará os estudos se poderá levar essa dependência ou fazer alguma atividade suplementar para eliminar a pendência.

- ☑ Algumas escolas no Brasil ainda podem pedir para o estudante fazer uma prova de readmissão.

- ☑ Retornar ao Brasil com o histórico escolar original da instituição em que estudou devidamente apostilado, ou seja, reconhecido oficialmente como original e válido no país em que foi emitido. O apostilamento pode variar conforme o país em que o estudante fez seu intercâmbio; as escolas ou agências orientam como fazer essa validação ao final do programa.

- ☑ Tradução juramentada ou simples dos documentos escolares.

As escolas brasileiras têm autonomia para recusar a rematrícula do estudante, por isso, reforçamos que é importante conversar com a escola de origem antes de viajar. Algumas famílias acabam optando por uma mudança de escola no retorno do intercâmbio.

Para casos mais específicos, por exemplo, quando o estudante cursa o final do terceiro ano do Ensino Médio fora e não retornará mais para uma escola brasileira, é preciso recorrer ao órgão de educação competente no estado em que a família reside para a validação dos estudos.

QUANDO VIAJAR E POR QUANTO TEMPO ESTUDAR FORA?

A preocupação de quando e por quanto tempo estudar fora envolve diversos aspectos. Em primeiro lugar, é preciso entender como funciona o ano letivo no exterior:

Hemisfério Norte — Canadá, EUA e Europa

Início do ano letivo oficial: Agosto e setembro, que correspondem ao final do verão, ou início do outono.

Término do ano letivo: Entre maio e junho, no final da primavera.

Hemisfério Sul — Austrália e Nova Zelândia

Início do ano letivo: Janeiro, verão.

Término do ano letivo: Meados de novembro, primavera.

Assim, um dos fatores de influência é o clima. Quem embarcar no início do ano letivo, chegará com um clima ameno e terá tempo de se preparar e se acostumar com o frio que chegará aos poucos, independentemente de ficar um semestre ou um ano letivo. Já quem estudará por um semestre letivo e escolher embarcar no meio do semestre, encontrará um clima de inverno. Dependendo da região escolhida, o inverno será bem rigoroso.

O calendário das escolas no Brasil e no Exterior tem um impacto direto em quando ir e quanto tempo ficar. O tempo de estudos fora do Brasil que já foi acordado com a escola brasileira e as experiências que o adolescente quer viver fora, como formatura, bailes, feriados, temporadas dos esportes, estações do ano, entre outras, são fatores que devem ser considerados na tomada de decisão. Também é importante levar em consideração que, quem embarca no início do ano letivo, encontrará um ambiente em que tudo será novidade para os alunos — tanto estrangeiros quanto locais —, os vínculos com amigos e professores partem da estaca zero, pós-férias. Enquanto quem embarca no meio do ano letivo encontrará um ambiente em que as pessoas já se adaptaram à nova realidade.

 LEMBRETE: Um ano letivo não é composto por 12 meses. Um semestre seletivo não tem duração de 6 meses. E nem sempre o ano letivo é bimestral, há escolas que adotam calendário trimestral.

Até aqui, a decisão de quando e quanto tempo ficar fora envolveu: como funcionam o ano letivo, o clima e o calendário escolar. Agora, existem outros dois pontos mais pessoais, que precisam ser discutidos em família: investimento e maturidade.

Para o investimento, a família deve considerar, além dos gastos do programa em si, as despesas extras, como: passagens aéreas, gastos pessoais do adolescente durante a viagem e reserva de emergência para imprevistos. Assim, o valor que a família poderá investir definirá também a duração do intercâmbio.

Ainda, quando tratamos da duração do intercâmbio e de quando viajar, se é melhor viajar com 14, 15, 16 ou 17 anos, o adolescente é o ponto central da decisão. A seguir, vamos detalhar o perfil de um estudante de Ensino Médio que deseja estudar no exterior, mas o importante é entender que não há melhor ou pior, certo ou errado. Alguns adolescentes podem se sentir prontos para morar um ano longe da família com 14 anos, enquanto em outros essa vontade só é despertada mais tarde.

Por último, a decisão de quando viajar (início ou meio do ano letivo) sofre ainda influência da questão da renovação do intercâmbio, que é quando o estudante ainda não tem certeza se quer ficar um ano fora e opta por fechar apenas um semestre, com a possibilidade de renovação. Essa renovação

ATENÇÃO!

O adolescente deve cursar as aulas no Brasil regularmente até a véspera da viagem. A ausência nas aulas pode impactar a validação das notas no retorno ao Brasil.

só é possível se o aluno embarcou no início do ano letivo do país escolhido, porque, quando ele inicia o intercâmbio em uma série, precisa finalizar os estudos nessa série; ainda assim, essa renovação está sujeita a ter vagas disponíveis. Outra regra comum dos programas é que as famílias e *boarding schools* (quando o estudante mora na escola — em português, usamos a palavra internato) não hospedam estudantes durante as longas férias escolares, por isso, se o estudante quiser renovar o intercâmbio na virada do ano letivo, deverá voltar ao Brasil para passar as férias com a família e depois embarcar novamente para o segundo ano de intercâmbio.

QUAL É O PERFIL DO ESTUDANTE DE ENSINO MÉDIO QUE PODE SER ACEITO NO PROGRAMA

Quem deseja fazer esse tipo de intercâmbio, deve ter em mente que sairá da sua zona de conforto. É necessário ter vontade de aprender a resolver situações por conta própria, ter responsabilidade em relação aos estudos e regras do programa, flexibilidade para lidar com as novidades que virão, como rotina e hábitos da família, colegas e escola.

Essa flexibilidade é muito importante na adaptação do estudante, pois haverá muitas situações completamente diferentes da vida no Brasil. Vamos pensar em alguns exemplos para reflexão:

> ➢ **Mobilidade:** No Brasil, as cidades médias e grandes dispõem de uma boa malha de transporte público, o que dá aos adolescentes uma certa mobilidade e liberdade de fazer passeios, como: visitar os amigos, ir a shoppings e parques etc. Já no exterior, esse cenário pode mudar, ficando o estudante a depender muito da família hospedeira para levá-lo a lugares simples, como shoppings, mercados e outros passeios. Isso dependerá muito da cidade em que o intercambista for morar, podendo ser uma mudança sutil ou mais intensa. O oposto também pode acontecer, ou seja, quem tem uma rotina no Brasil em que não usa transporte público e faz tudo de carro, terá que aprender a se virar e a usar o transporte local, se for necessário.

> ➢ **Liberdade:** Ao aceitar morar com outra família, ou até mesmo para quem escolhe morar na escola, poderá haver momentos em que o estudante se sentirá sem a mesma liberdade que tinha na sua própria casa. Isso acontece em primeiro lugar porque a família ou a escola que recebe o estudante tem uma responsabilidade muito grande de cuidar dele e protegê-lo, pois, se algo de grave acontecer, são eles quem responderão

legalmente pela situação. Por isso, o estudante que viaja deve compreender que ele está vivendo uma experiência diferente dos amigos nativos e até mesmo dos eventuais irmãos hospedeiros. Da mesma forma que você conquistou a confiança dos seus pais no Brasil para ter mais liberdade, nosso melhor conselho é que você construa esse laço novamente durante o seu intercâmbio. Uma vez que os pais hospedeiros não o conhecem, você conquistará aos poucos mais liberdade, como a de chegar mais tarde do que o normal de uma festa, poder fazer uma viagem com a família de algum amigo, entre outras situações.

> **Casa e família hospedeira:** A relação com a família hospedeira é outro aprendizado. Entender como eles pensam e agem diminuirá o choque cultural e eventuais desentendimentos. Toda família tem sua composição de membros, seu jeito e algumas manias, então, o estudante não deve estranhar se, por exemplo, a família tiver o hábito de comer no sofá, não deixar usar algum eletrodoméstico, não deixar entrar em algum cômodo da casa, usar temperos diferentes na comida, não celebrar datas comemorativas ou celebrar de forma diferente, entre outros. Com relação à casa, ela também poder se diferente, por exemplo, se no Brasil você tem um quarto com suíte, no intercâmbio poderá tanto dividir quarto quanto banheiro. Essa informação chega junto com a confirmação da família hospedeira, com algumas fotos da casa em que morará. O adolescente não fará nenhuma escolha com relação ao perfil da família, independentemente do país ou do programa escolhido. Não são aceitos pedidos de preferências de cor, religião ou número de familiares (pode ser apenas uma pessoa a receber o estudante).

Quem se prepara e age com flexibilidade durante o intercâmbio, aproveita o máximo do programa e volta muito feliz com a experiência.

Para se inscrever no programa, há alguns pré-requisitos necessários:

☑ Nível intermediário ou avançado do idioma conforme o país escolhido (será necessário fazer uma prova do idioma).

☑ Notas dentro da média da escola brasileira.

☑ Boas condições de saúde física e psicológica (será necessário apresentar documentos médicos posteriormente).

Se você está fora de um ou mais dos pré-requisitos acima, seu caso será analisado individualmente. Não descarte de imediato sua participação no programa. Será necessário explicar o motivo das notas baixas, se toma algum medicamento controlado ou tem alguma doença. Será preciso explicar como isso afeta seu dia a dia. Muitas cidades, especialmente no Canadá e na Austrália, aceitam estudantes com histórico de saúde, como: asma, TDAH, diabetes, alergia a animais ou comida, entre outros.

QUANDO COMEÇAR O PLANEJAMENTO DO INTERCÂMBIO

Como esse é um programa de muitas etapas e todos os países têm vagas limitadas em cada região e escola, recomendamos que comece a busca de informações e inscrição no programa com um ano de antecedência. Mais do que isso não tem necessidade, mas um ano antes é o ideal para fazer tudo com calma. Após a inscrição no programa, há muitos documentos para serem preenchidos, como formulários médicos, cartas de recomendação da escola, carta de recomendação de professores, carta para a família hospedeira por parte do estudante, carta dos pais do estudante falando do filho para a família hospedeira, histórico escolar dos últimos três anos, fotos e, em alguns casos, até vídeo em que o estudante se apresente, contando mais sobre ele. Ufa! Já pensou em correr atrás de tudo isso em menos de uma semana? Quanto mais cedo a inscrição, maiores as chances de que a escola desejada tenha vagas. Se deseja viajar em agosto e procurar uma agência em maio, as opções já estarão bem limitadas, e as vagas, em muitas escolas, esgotadas.

REGRAS DO PROGRAMA

O intercâmbio de Ensino Médio no exterior é regido por regras específicas, especialmente porque se trata de uma modalidade de viagem para menores de idade.

Alguns comportamentos podem levar à expulsão do adolescente do programa, como: consumo de bebidas alcoólicas e de drogas ilícitas, relações sexuais, faltas injustificadas nas aulas, faltar com respeito com colegas da escola, professores ou com a família hospedeira, dirigir veículos motorizados, entre outros.

Alguns programas, como a opção sem escolha de região nos Estados Unidos, não permitem visitas de pais ou outros parentes durante o intercâmbio. Embora essas visitas não sejam vetadas em todos os casos, é altamente recomendado que os pais evitem esse tipo de contato. Isso se deve ao fato de que a visita familiar quebra o processo de adaptação do adolescente, podendo trazer sintomas de *homesick* (expressão em inglês que pode ser traduzida como "saudades de casa") e até mesmo vontade de voltar para o Brasil antes do tempo. A quebra dessa regra, quando prevista em contrato, pode fazer com que o adolescente seja desligado do programa.

Leia atentamente o contrato do programa para não ter dúvidas do que é esperado, para evitar um retorno antecipado ao Brasil e até mesmo comportamentos de risco para o adolescente. Confira também as regras de cancelamento do programa, antes da viagem ou após o início dela. Geralmente, multas contratuais se aplicam, e, dependendo do caso, não há reembolso dos valores pagos.

MODALIDADES DE INTERCÂMBIO DE ENSINO MÉDIO NO EXTERIOR

→ Estudar em escola pública e morar em casa de família.

Essa é a opção da maioria dos estudantes, pelo custo-benefício. O ensino público é gratuito para o cidadão que mora naquele país e paga impostos, já para o estudante internacional, ele é pago. Nesse programa, o adolescente pode escolher ou não onde deseja estudar. Essa escolha influenciará diretamente o valor final do programa, em primeiro lugar porque há escolas e regiões mais procuradas e até mesmo mais renomadas, cujos valores anuais são mais altos e também porque, quando se opta por escolher uma escola, a família hospedeira passa a ser remunerada também.

A remuneração da família hospedeira muda conforme o programa escolhido. Há programas em que o adolescente aceita não fazer escolhas de região, cidade ou perfil de escola, deixando a cargo da organização estrangeira fazer a sua colocação, conforme as vagas nas escolas e a aderência ao perfil das famílias disponíveis. Nesse tipo de programa, chamados "sem escolha" (oferecidos Rotary, AFS e também por agências), as famílias hospedeiras são voluntárias, ou seja, não remuneradas, e, por isso, o valor final do intercâmbio pode ser mais acessível. Independentemente de as famílias serem remuneradas, o adolescente não fará nenhuma escolha com relação ao perfil dessa família, conforme explicamos anteriormente.

→ Estudar em escola privada e morar em casa de família ou estudar em *boarding school* e morar na escola.

As escolas privadas e *boarding schools* se diferenciam das públicas em alguns aspectos. Elas são consideradas escolas independentes do Estado, tendo sua própria gestão financeira, e identidade pedagógica e filosófica. Outro ponto que as diferencia é que muitas delas estão ligadas a uma religião, geralmente, são católicas, protestantes, luteranas, judaicas, entre outras. Isso não significa que essas escolas só aceitem alunos com a mesma crença religiosa, mas, para o aluno internacional que escolhe esse perfil de escola, significa respeitar e participar das eventuais atividades religiosas durante o ano letivo. Algumas realizam serviços religiosos semanais, outras, encontros diários antes das aulas para avisos e preces.

Algumas escolas se especializam em preparar os alunos para serem aceitos em determinados cursos universitários e têm maior ênfase no processo de aplicação para universidades. Essas escolas com um foco acadêmico mais exigente cobrarão dos estudantes internacionais mais dedicação e comprometimento com os estudos. O processo de admissão também pode exigir inglês mais avançado, assim como notas entre A e B — equivalentes no Brasil a notas entre 8 e 10.

Há também uma variedade maior de escolas nessas modalidades, com filosofias pedagógicas diferentes, como Waldorf, Montessori, e escolas com currículo avançado, como: IB (International Baccalaureate, currículo global), Advanced Placement (AP) e/ou Honors. As duas últimas são disciplinas com conteúdo mais denso, focando a preparação do aluno que deseja seguir essa área na universidade ou que se identifica mais com uma área do saber.

Com relação à infraestrutura, ambas as escolas são similares às públicas, podendo ter algum diferencial nos laboratórios, nos ginásios esportivos ou na localização.

Já o número de alunos é bem diferente do de uma escola pública. Enquanto as públicas podem ter mais de mil alunos, nas privadas e *boarding schools* esse número é bastante reduzido. Algumas chegam a ter um total de 300 alunos por ano em todo o Ensino Médio. O que isso interfere na experiência do estudante internacional? Bem, em primeiro lugar, há uma proximidade muito grande com a equipe escolar e com os colegas. Isso é positivo do ponto de vista acadêmico, mas também exigirá do estudante internacional entender a mudança de ambiente, caso venha de uma escola no Brasil com muitos alunos.

A decisão entre escolher uma escola privada ou internato está na diferença da acomodação. Enquanto na escola privada, os estudantes ficam em casa de família, o conceito de escola na modalidade de internato é morar na escola.

Percebemos que, no Brasil, pela nossa cultura de estarmos sempre muito próximos da família, a maioria dos estudantes escolhe a acomodação em casa de família: os pais acham mais rico culturalmente e se sentem mais confortáveis de o filho ter o apoio dessa estrutura.

No passado, as escolas na modalidade de internato eram vistas como reformatórios, lugar em que os pais mandavam as crianças para "tomarem jeito". Unindo isso ao fato de que temos pouquíssimas escolas internas no Brasil, o imaginário criado é de que é um lugar desagradável. É importante entender o que é uma *boarding school* no século XXI: um lugar em que predomina a diversidade e o respeito pelas diferenças, com ensino de excelência, em que a autonomia do estudante é muito estimulada. Há evidentemente uma rotina e horários a serem cumpridos, mas há também momentos livres, finais de semana, prática de esportes, amigos e suporte educacional e psicossocial. Para ficar bem claro: ter a oportunidade de estudar em uma escola desse tipo é um grande privilégio.

Essas escolas podem ser completamente internacionais ou mistas, ou seja, os alunos serem apenas estrangeiros ou um misto de alunos do país e estrangeiros, assim como serem só de meninas ou só de meninos. Nas acomodações, há sempre um responsável pelos alunos, e essas pessoas acabam fazendo o papel do *hostfather* ou da *hostmother:* se o aluno estiver com algum problema, terá alguém a quem recorrer 24 horas por dia. As acomodações podem ser prédios a uma distância a pé da escola, prédios dentro da área da escola (costumam ficar em grandes propriedades), ou a escola pode possuir várias casas no bairro e cada casa abrigar quatro ou mais estudantes, com seu respectivo responsável. O aluno também poderá morar em um quarto individual, duplo ou triplo, conforme a escola. Por isso, o aluno de uma *boarding school* tem um perfil bastante independente e se adapta bem a regras.

A escolha da escola, se será pública, privada ou internato, deve vir da combinação de todos esses pontos que explicamos e mais da disponibilidade do investimento para o intercâmbio.

No programa de Ensino Médio, quanto mais escolhas o adolescente fizer, mais o preço final do intercâmbio pode aumentar.

DICAS ↓

Tanto as escolas privadas quanto as *boarding schools* têm possibilidades de bolsa de estudos parciais para determinados perfis de alunos. Verifique com a escola de seu interesse ou agência de intercâmbios quais as opções disponíveis para seu perfil.

Dá para fazer Ensino Médio morando com algum parente ou amigo da família que é residente no destino desejado? Sim, mas há muitas variáveis que podem tornar essa opção mais cara e burocrática.

Para mais dicas sobre High School, confira a playlist de vídeos disponível no site do livro.

INTERCÂMBIOS NO ENSINO SUPERIOR 05

INTERCÂMBIOS NO ENSINO SUPERIOR ↘ 05

As oportunidades disponíveis para cursar o ensino superior no exterior são inúmeras, até porque o termo exterior é amplo. Há no mundo 192 países, com os mais diferentes sistemas de ensino e opções de cursos. Por conta dessa variedade, neste capítulo, vamos nos concentrar nos cursos e países mais buscados por brasileiros, assim como nas dúvidas mais frequentes do processo: desde entendimento do seu perfil como estudante, bolsas de estudos, custos ao processo de admissão.

Mas, antes de falarmos mais profundamente sobre as opções de cursos para cada perfil, vamos refletir um pouco sobre o que leva alguém a querer fazer algum curso de ensino superior no exterior. Afinal, por que vale a pena fazer esses cursos fora do Brasil?

Do ponto de vista das universidades, a internacionalização do ensino superior é uma ferramenta de suporte à produção e à disseminação do conhecimento científico; em outras palavras, as atividades de intercâmbio de professores e estudantes de diferentes países no ensino e na pesquisa são muito importantes para que a universidade possa dar repercussão à produção científica, ser relevante como produtora de conhecimento e referência em sua área.

As universidades em todo o mundo, inclusive no Brasil, entendem o valor da internacionalização, ou seja, que a diversidade de alunos de diferentes países e culturas torna seus cursos mais atraentes, tanto do ponto de vista da captação de novos alunos, quanto do ponto de vista acadêmico. Hoje, nos rankings universitários mais famosos, alguns dos critérios que pesam para que a universidade se destaque são a quantidade de alunos, professores e parcerias internacionais que tem.

Há, ainda, a influência da globalização enquanto incentivadora e impulsionadora do intercâmbio. O mercado global, com tantas opções de trabalho remoto, expatriação de funcionários, multinacionais com sedes em múltiplos países, fornecedores globais, leva a uma demanda de mercado por funcionários que tenham experiências multiculturais, dominem bem os idiomas mais usuais nas relações econômicas internacionais (como o inglês) e tenham empatia e capacidade para negociar em diferentes contextos.

A cooperação e a troca de informações, conhecimentos e recursos variados entre universidades, empresas, governos e instituições diversas é de extremo valor no mundo todo. Assim, o intercâmbio é um dos meios mais valiosos para que as pessoas estejam bem preparadas para se relacionarem bem globalmente.

A diversidade de pessoas e culturas encontradas no intercâmbio, por exemplo, agrega um enorme valor para o estudante, pois promove a troca de novas ideias e ajuda na sua formação como pessoa aberta a diferenças.

Já falamos no Capítulo 1 das competências pessoais que o intercâmbio ajuda o estudante a desenvolver, mas queremos reforçar que estudar em um curso de ensino superior fora eleva muito a potência desse desenvolvimento por duas razões: há uma permanência e exposição mais longa do intercambista ao dia a dia do país estrangeiro; e essa modalidade de intercâmbio contribui para ampliar as habilidades de reflexão, pensamento crítico e solução de problemas complexos.

Fazer um intercâmbio é tão valorizado que hoje diversas empresas incentivam seus executivos e têm programas em parceria com instituições de ensino em diferentes partes do mundo, para que eles estudem no exterior. Aprender a fazer negócios com norte-americanos é diferente de fazer negócios com ingleses, assim como é diferente com chineses, indianos, japoneses e com qualquer outra nacionalidade.

A competência multicultural desenvolvida por um intercâmbio proporciona compreender o tipo de ambiente em que você está se relacionando e ajuda a adequar o seu discurso sem mudar o conteúdo da mensagem, para que seja entendida em cada lugar. Desde as ideias mais complexas até as situações mais simples.

O intercâmbio é um laboratório para desenvolvermos nossa capacidade de adaptação e resolução de problemas. A própria questão linguística, ou seja, falar outro idioma, já exige capacidade de adaptação e entendimento da forma de pensar e agir de uma determinada nacionalidade.

Não se engane pensando que ensino superior no exterior é apenas para quem acabou de fazer 18 anos e está procurando a primeira formação acadêmica. Como dissemos, quem está em constante atualização profissional, fazendo cursos no exterior, é cada vez mais valorizado no mercado de trabalho. Estudar fora também é um caminho interessante para quem está querendo mudar sua carreira: uma especialização, MBA ou mestrado profissional, por exemplo, pode criar uma rede qualificada de relacionamentos e ser a ponte de que você precisa para recomeçar sua carreira em uma nova área, recebendo recomendações e indicações de colegas para oportunidades de trabalho. Reforçamos: o intercâmbio é uma experiência valiosíssima para quem deseja renovar sua rede de contatos, seja o curso realizado de curta ou de longa duração. Você construirá uma nova comunidade, só que internacional.

A formação do estudante como pessoa e cidadão é um conceito forte nas universidades norte-americanas, canadenses e na Europa em geral, pois há uma valorização das atividades que formam o indivíduo em outras competências, que vão além do conhecimento acadêmico ou específico da profissão; por isso, eles têm muitos grupos e associações civis de que os estudantes podem fazer parte. A grande vantagem de estudar no exterior é essa vivência cultural, tanto no idioma, quanto nas universidades que promovem atividades diferentes, que podem ser mais adequadas a certos perfis de alunos.

Em 2015, o banco HSBC realizou uma pesquisa com pais em 16 países, incluindo o Brasil. Os resultados foram publicados em um relatório chamado de *O Valor da Educação. Um Aprendizado para a Vida.* Esse relatório revelou que 76% dos pais brasileiros considerariam a ideia de seus filhos estudarem em uma universidade no exterior, e, desses, 71% concordariam em pagar mais do que o equivalente para educar os filhos no Brasil. Vamos, a partir de agora, entender mais detalhadamente as variantes do ensino superior no exterior.

AS DIFERENTES MODALIDADES DE CURSOS NO EXTERIOR

Quando iniciamos a busca por cursos no exterior, ficamos confusos com tantos nomes diferentes.

Em primeiro lugar, é importante saber que não existe uma padronização dos nomes dos cursos no mundo.

As padronizações acabam ocorrendo por semelhança.

Graduação: A graduação é o primeiro curso de ensino superior ou ensino terciário. Aqui no Brasil, encontramos três tipos, com suas respectivas durações: bacharelado, de 4 a 6 anos de estudos; licenciatura, de 3 anos e meio a 4 anos e meio de estudos; e tecnólogo, de 2 a 3 anos de estudos. No exterior, você encontrará várias opções equivalentes.

Pós-graduação: A pós-graduação é a continuidade da educação após se obter o título de graduação. Aqui no Brasil, encontramos dois tipos de pós-graduação: *lato sensu* e *stricto sensu*. *Lato sensu* compõe os cursos de especialização e aperfeiçoamento, eles não conferem grau e têm duração variável, com no mínimo 360 horas. *Stricto sensu* são os mestrados e doutorados, os graus acadêmicos após a graduação, e duram em média 2 anos para o mestrado e 4 para o doutorado. No exterior, a estrutura é equivalente, mas o tempo de formação varia muito, é possível encontrar países em que o mestrado é de um ano e o doutorado pode durar 3, 4 ou 6 anos, conforme a área e conforme o destino.

Nos países de língua inglesa, por exemplo, a graduação é chamada de *undergraduate degree* e é bem importante saber, pois *graduate ou postgraduate degree* significam pós-graduação em inglês norte-americano e britânico, respectivamente. Então, você que está estudando o Ensino Médio, deve focar suas buscas em *undergraduate*.

Na Europa, o ensino é organizado em três níveis: bacharelado, mestrado e doutorado. Ainda assim, cada país do bloco tem flexibilidade de estipular a duração do curso.

Por isso, você encontrará cursos de graduação com 3 ou 4 anos. Mais um detalhe que pode fazer diferença na sua pesquisa: também é importante verificar se o curso é uma graduação ou um mestrado integrado.

No continente europeu, o mestrado integrado é a junção do bacharelado com o mestrado, e esse tipo de curso dura em média 5 anos. Você até pode fazer só uma parte (bacharelado ou mestrado), porém, não ganhará o título ao final. Então, não é algo que valha a pena. Se optar por um mestrado integrado, você se comprometerá com um curso de 5 anos.

Cursos como direito também podem ter durações diferentes nos países da Europa. Na Espanha, por exemplo, são necessários 4 anos de bacharelado, porém, para atuar como advogado, você precisa de um mestrado e ser aprovado em uma espécie de prova similar ao nosso exame da OAB, além de um estágio obrigatório. Fazer o curso completo de direito na Espanha e poder exercer a profissão depois de se formar é um compromisso de 5 anos de estudos, além do período de estágio obrigatório.

Os nomes a seguir são usados para designar a maioria dos cursos oferecidos em inglês encontrados no exterior, no entanto, ressaltamos que pode haver diferenças, dependendo do país escolhido, especialmente porque não há um padrão internacional usado por todas as universidades.

→ Cursos de graduação

- *Associate degree:* **Graduação de 2 anos, que pode ser continuada para um bacharelado de 4 anos, comum nos EUA e no Canadá.**

- *Bachelor degree:* **São cursos que oferecem disciplinas clássicas para desenvolver a construção do conhecimento, ou seja, são cursos mais acadêmicos. Cerca de 4 anos de estudo, no mínimo. Equivalentes ao bacharelado no Brasil.**

→ Cursos de pós-graduação

- Certificate, ou diploma (*post-baccalaureate*): **A partir de 3 meses de estudo. Equivalente à pós-graduação** *lato sensu* **no Brasil.**

- *Master degree:* **Dois anos de estudo. Alguns podem ser equivalentes a uma pós-graduação** *lato sensu* **e outros, ao mestrado (***stricto sensu***) no Brasil. Nem todos os mestrados nos EUA são reconhecidos no Brasil, caso do MBA e do LLM. Mais à frente, você entenderá melhor essa questão.**

- Certificate (*post-master*): **Um ano de estudo após o mestrado. Não tem equivalência a nenhum grau brasileiro.**

- Doctorate — research/scholarship: **Doutorados de pesquisa ou acadêmico são exemplos de Doctor of Education (Ed.D.), Doctor of Public Health (D.P.H.) e Doctor of**

Philosophy (Ph.D.). De 3 a 6 anos de estudos. Ph.D. é equivalente ao doutorado no Brasil. Os outros títulos aproximam-se do doutorado profissional no Brasil, ou seja, podem ser equivalentes em conhecimento obtido, mas não têm reconhecimento.

- Doctorate — professional practice: **Um diploma de doutor que é conferido após a conclusão de um programa que fornece o conhecimento e as habilidades para o reconhecimento, a credencial ou a licença necessária para a prática profissional. O grau é concedido após um período de estudos em que o tempo total para a sua obtenção, incluindo a preparação pré-profissional e profissional, seja igual a pelo menos seis anos acadêmicos em tempo integral. Exemplos de áreas que exigem esse tipo de formação: quiropraxia, odontologia, direito, medicina, optometria, osteopatia, farmácia, podologia, medicina veterinária etc.**

COMO ESCOLHER O CURSO IDEAL? O QUE LEVAR EM CONSIDERAÇÃO NA ANÁLISE?

Para escolher bem o curso e a instituição de ensino adequados, considere alguns pontos. Qual é seu momento de vida hoje? Qual é sua idade? Quais são suas áreas de interesse? Quais objetivos você busca com essa formação? Vamos ajudá-lo a responder essas e outras perguntas para que possa desenhar seu planejamento de estudos de ensino superior no exterior.

Há quatro pontos essenciais que recomendamos você avaliar na hora de iniciar a pesquisa de cursos e instituições de ensino no exterior. São eles:

1. Fluência em língua estrangeira

Você precisará dominar um idioma estrangeiro, mas, afinal, o que isso significa exatamente?

Para a graduação, o estudante universitário precisa ter no mínimo nível B2 de domínio do idioma de instrução referente ao Quadro Comum Europeu de Referência para Línguas (CEFR) para conseguir acompanhar um curso universitário com sucesso. O B2 é o quarto

OUTRAS CURIOSIDADES SOBRE OS CURSOS NO EXTERIOR

MBA significa Master Business Administration, em tradução livre, é um mestrado em negócios na área de administração. É reconhecido como um mestrado profissional. Você conquista um grau, mas não é um grau acadêmico, ou seja, pode não contar pontos para um futuro doutorado por exemplo. Quando estiver pesquisando sobre pós-graduações ou outros cursos da área, você também pode se guiar pelas acreditações internacionais como *Association to Advance Collegiate Schools of Business (AACSB), Association of MBAs (AMBA)* ou *European Foundation for Management Development Quality Improvement System (EQUIS)*. Na Europa, muitos MBAs se chamam MIM, que significa Master in Management, e são cursos para profissionais que não têm formação ou experiência na área de gestão e de negócios.

Os cursos de certificate também são muitos comuns em países como Irlanda, Inglaterra, Austrália e Nova Zelândia. Alguns cursos de certificate dos EUA e Canadá podem exigir do estudante já ter feito um mestrado para poder se candidatar.

No exterior, também existem os cursos técnicos. Eles recebem diferentes denominações: associate degrees e os cursos dos institutos politécnicos são exemplos de ensino técnico superior. O curso dura de 2 a 3 anos, é muito valorizado pelo foco profissional, e a formação é aplicada à prática. Os cursos são geralmente criados para atender a demandas do mercado, por isso, muitos estudantes optam por esse tipo de formação, já que a empregabilidade depois de formados costuma ser alta.

Muitas universidades no exterior oferecem escolas de verão com cursos de curta duração, de 3 a 4 semanas, em disciplinas específicas, com atividades e eventos especiais para os alunos. Pessoas de diferentes partes do mundo participam desses cursos. São cursos muito procurados na Europa, nos EUA e no Canadá.

Quem desejar fazer um mestrado em direito, existe o LLM, que significa Legum Magister, ou Master of Laws. É um mestrado profissional oferecido muito nos Estados Unidos e na Europa. A perspectiva do curso é passar aos alunos uma visão internacional do direito, e o curso é desenhado especialmente para estudantes estrangeiros, ainda que possam contar com a participação de estudantes locais.

Você também encontrará nas universidades e faculdades do exterior departamentos com o nome de Continuing Education, School of Professional Studies ou Extension School. São escolas focadas em cursos de curta e média duração. Muitas vezes, os cursos não exigem processo seletivo, basta ter vaga e se inscrever. Dependendo da escola e do curso, você pode até conseguir créditos para o mestrado na mesma universidade. Na Europa, são chamados de cursos de aprendizado ao longo da vida.

Existem associações profissionais que oferecem cursos, simpósios, formações e especializações em parceria com universidades.

Por fim, há também os Institutos que oferecem cursos de curta duração. Geralmente, eles estão ligados a cursos de artes e às antigas profissões manuais.

INTERCÂMBIO PARA TODOS

nível em uma escala de seis níveis, partindo do iniciante até o proficiente, e é o requisito mínimo exigido pela maioria das instituições.

Algumas instituições aceitam um nível de conhecimento menor, desde que o estudante se matricule em um curso pré-universitário que inclua preparação do idioma. Esses cursos são conhecidos como *pathway*.

Há também instituições mais seletivas, que elevam a exigência do domínio de línguas estrangeiras para a admissão de candidatos, solicitando o nível C1. A maioria das universidades pede o envio de testes padronizados de idiomas ou de certificados internacionais. Falaremos com mais detalhe sobre isso no tópico *Requisitos para admissão*.

Portanto, você precisa fazer a seguinte reflexão: Já sou proficiente no idioma em que desejo estudar? Se a resposta for sim, preciso de tempo para tirar alguma certificação na língua exigida pelo curso? Se a resposta for não, quanto tempo preciso me dedicar para alcançar o nível de proficiência desejado, considerando o nível em que estou hoje? Qual será minha estratégia, metodologia e plano de estudos?

2. Excelência acadêmica

De maneira geral, o bom desempenho escolar no Ensino Médio, na graduação ou mesmo na pós, associado a atividades e a vivências extracurriculares diversas, como a prática profissional de esportes e a realização de atividades que gerem impacto positivo em comunidades, é bastante valorizado pelas instituições estrangeiras de ensino superior no momento da seleção de estudantes internacionais. O seu bom aproveitamento dentro e fora da sala de aula contribui tanto para as seleções, em que são necessárias provas de conhecimento geral e/ou específicas para admissão, quanto para as universidades, faculdades ou institutos que avaliam o histórico escolar.

Você deve se perguntar qual é seu perfil como estudante. Como foram suas notas onde estudou aqui no Brasil, na média ou acima? Já ganhou prêmios por desempenho escolar? Participou de olimpíadas durante seus estudos no Ensino Médio? É engajado com a comunidade escolar? Ajuda a organizar eventos onde estuda, recebe novos alunos, cria e participa de campanhas sociais?

Quais situações que você vivenciou podem comprovar, por exemplo, que você gerencia bem o seu tempo? É solícito e coopera com

INTERCÂMBIOS NO ENSINO SUPERIOR **95**

seus professores e colegas de turma, em outras palavras, trabalha bem em equipe?

Para estudantes de pós-graduação, você já fez pesquisas e publicou seus resultados? Já participou de grupos de estudo? Além de seu perfil acadêmico, vale pensar também em seu histórico profissional: Em quais empresas já trabalhou? Quais os principais resultados alcançados até aqui em sua carreira?

Cada detalhe soma pontos para ter sucesso na sua candidatura.

3. Preparação financeira

Ingressar no ensino superior não significa o mesmo que ter os seus estudos custeados por bolsas de estudos. Então, muita atenção à sua pesquisa de informações sobre o custo dos estudos e o custo de vida em países estrangeiros, para evitar que você se anime com a possibilidade de estudar fora, faça o processo de candidatura, receba a resposta positiva e depois descubra que não terá dinheiro suficiente para se manter.

Primeiro, é importante você fazer um levantamento mais detalhado possível de todos os custos para estudar e se manter no exterior. O que é cobrado pela instituição de ensino (taxa de matrícula, livros e outros materiais obrigatórios, anuidades etc.)? Quais são os valores de tudo isso? Quais são as condições de pagamento? Quanto você gastará por mês com alimentação, transporte, moradia e seguro-saúde? Avalie com precisão se você tem os recursos necessários para bancar todas essas despesas, ou, pelo menos, grande parte delas. Ou você precisará de apoio externo como bolsas de estudos?

Se você precisar de recursos externos, pesquise e pense nas seguintes alternativas: uma possível ajuda de custo da empresa onde trabalha; programas de incentivo do governo brasileiro ou programas de incentivo do governo local do país no qual deseja estudar; verifique se a própria instituição de ensino em que se inscrever tem recursos de bolsas (podem ser bolsas integrais, que cubram anuidades do curso e taxas, parciais, que cubram apenas parte dos custos, ou *stipend*, não pagam anuidades do curso e taxas, mas o estudante recebe um valor mensal como ajuda de custo para viver). Embora as bolsas *stipend* sejam mais comuns para cursos de pós-graduação *stricto sensu* (mestrados e doutorados), também existem para cursos de graduação.

Relacionada à preparação financeira, entra a questão da necessidade e da permissão de trabalho legal no país escolhido.

Como estudante e, portanto, com um visto de estudante, na maioria dos casos pode-se trabalhar meio período (até 20 horas por semana). Se ter permissão de trabalho é algo importante para você, pesquise e entenda antes de se inscrever se o curso e o país proporcionam esse direito.

Quando queremos estudar fora e trabalhar ao mesmo tempo, pensamos: "Se eu sempre estudei e trabalhei ao mesmo tempo no Brasil, por que não posso fazer isso na Europa ou em outro país?"

Pondere que as aulas no exterior, com carga horária completa ou integrais, podem ocupar dois ou mais períodos do dia, ao contrário do Brasil, em que condensamos a carga horária completa em apenas um período do dia (manhã, tarde ou noite), o que chamamos de estudar meio período.

Você pode encontrar essa informação do período das aulas no site das instituições de ensino e, caso não a encontre, pode entrar em contato com a instituição de seu interesse para esclarecer dúvidas. Falaremos mais adiante sobre como fazer esse contato de forma correta.

Entender a relação que você terá com esse trabalho e com o dinheiro é primordial nessa etapa do planejamento. Uma coisa é você viajar sem depender de trabalho para se manter e fazer trabalhos pontuais quando der para ganhar um dinheiro extra. Outra situação é viajar dependendo muito de trabalho para sua manutenção. É importante levar em conta os seguintes pontos: Quanto tempo você conseguirá se manter sem trabalhar, considerando que não sabe se vai demorar ou não para encontrar trabalho? Esse trabalho terá horários compatíveis com os seus estudos? Ou seja, você conseguirá se dedicar bem aos estudos? Lembre-se sempre de que, ao sair do Brasil, sua prioridade será o seu curso.

É preciso checar ainda com a instituição de ensino se o seu curso exige algum estágio obrigatório, se ele é remunerado ou não e como isso afetará o tempo disponível para trabalhar. Você pode trabalhar também dentro da própria universidade, e, no caso dos Estados Unidos, inclusive só é permitido aos estudantes trabalhar nos campi, que são enormes e têm lojas, cafés e diversos serviços aos estudantes.

INTERCÂMBIOS NO ENSINO SUPERIOR **97**

Já para estudantes de pós-graduação, o trabalho muitas vezes consiste em realizar pesquisas na universidade ou atuar como assistente de professores. Esse, inclusive, é um trabalho que faz parte da remuneração da bolsa de estudos.

4. Objetivos com o curso e perfil da instituição de ensino

Entender o que o pretende, ou seja, quais são seus objetivos, é primordial para iniciar suas buscas de cursos no exterior.

Você está buscando uma formação profissional aplicada ao mercado de trabalho?

Ou seu objetivo é seguir carreira acadêmica?

Você pretende continuar morando no exterior após o término do curso ou deseja voltar ao Brasil?

Muitas vezes, a gente cai na armadilha de achar que as únicas universidades boas no mundo são Harvard, MIT ou Stanford, localizadas nos Estados Unidos.

O problema começa quando pensamos em escolher um curso pensando não nos nossos objetivos, mas em questões de ego e competição. Se já passou pela sua cabeça: "Não quero estudar em um lugar que ninguém conhece", está na hora de rever seus conceitos. Existem milhares de universidades e faculdades boas no exterior, e, na maioria dos casos, o fato de não estarem tão em evidência na mídia não as torna menos excelentes.

Diversos países são mundialmente conhecidos por sua excelência em determinadas áreas, como a Itália no design e na moda, a Itália e a França na gastronomia, a Suíça na hotelaria etc.

Portanto, se você deseja um foco mais profissional, pode ser melhor estudar uma graduação ou pós em design na Itália do que nos EUA.

Se seu objetivo é cursar uma pós em uma área de pesquisa específica, vamos pensar, por exemplo, no campo da oceanografia, pode ser que a melhor universidade do mundo nessa área esteja em uma pequena cidade da Austrália de que ninguém nunca ouviu falar, mas entre os pesquisadores da área seja extremamente reconhecida.

Perceba que o melhor lugar do mundo para você estudar tem que fazer sentido para você e seus objetivos.

RECONHECIMENTO NO BRASIL DE CURSOS FEITOS NO EXTERIOR

Vamos entender o processo de reconhecimento no Brasil de cursos feitos no exterior, além das permissões para poder exercer a profissão que escolheu e por que isso pode mudar todo o seu planejamento de estudar fora.

Você deve pensar se seus planos futuros implicarão ou não a necessidade de revalidação no Brasil do seu título de graduação obtido no exterior.

De forma geral, as profissões que têm conselhos profissionais no Brasil são mais burocráticas para reconhecer um título no exterior para o Brasil.

A revalidação implicará em custos por ser não só um processo burocrático, mas que exige muita documentação, tem prazos longos e, além disso, exigirá muita pesquisa para encontrar um curso em uma universidade pública brasileira semelhante ao que você fez no exterior, o que implica um paradoxo, uma vez que você, possivelmente, escolheu estudar no exterior para fazer um curso diferente do que encontraria no Brasil.

Nem todas as pessoas que obtiverem um diploma de graduação no exterior sentirão a necessidade de submetê-lo à revalidação. Há empresas que, na hora de contratar, podem pedir um diploma que seja validado no Brasil, assim como há um bom número de empresas que não fazem tal exigência, sendo mais do que suficiente para elas o diploma ou outra comprovação de que você estudou na instituição de ensino estrangeira. Em contrapartida, para cargos públicos ou para a obtenção de licenças profissionais, é necessário submeter o diploma ao processo de revalidação de diplomas estrangeiros, um processo que deve ser realizado em instituições públicas por meio de processos próprios ou por meio da plataforma Carolina Bori, estabelecida pela Resolução CNE nº3, de 22 de junho de 2016, homologada pelo Ministério da Educação.

As profissões que são regulamentadas no Brasil podem demandar a necessidade de revalidação do título de graduação obtido no exterior para exercício da profissão. Por exemplo: medicina, arquitetura, engenharia, fisioterapia, odontologia, psicologia, entre outras. A área do direito, por exemplo, demanda também aprovação na prova da OAB.

Portanto, nossa recomendação como especialistas, é: caso você pretenda exercer um cargo público no Brasil ou uma profissão regulamentada, que exija a revalidação do diploma, seria interessante cursar a graduação no Brasil e fazer cursos de extensão, especialização e/ou pós no exterior para complementar sua formação. Mais à frente neste capítulo, você conhecerá outras alternativas.

Outro caso a considerar, quando você sabe que precisará voltar ao Brasil e reconhecer seu diploma aqui, é a escolha de um curso no exterior que tenha o conteúdo programático o mais parecido possível com o de um curso similar no Brasil. Isso porque a regra de reconhecimento é por semelhança, ou seja, em geral, analisa-se a carga horária e o conteúdo que está na ementa das disciplinas.

Se o seu caso é de pós-graduação *stricto sensu* (mestrado e doutorado) fora, o reconhecimento no Brasil exige, por exemplo, a defesa pública de tese com banca, o que nem sempre acontece no exterior, havendo muitas vezes a defesa para uma banca fechada.

O mesmo ocorre com profissões regulamentadas no exterior. Vamos supor que você tenha escolhido cursar direito na Itália. Sua formação permitirá que, após atender a todos os requisitos do país, você exerça a profissão na Itália. E então você pode se perguntar: Mas na Europa não é tudo igual? Por que não poderei trabalhar com direito na Espanha ou em Portugal?

Embora a Europa esteja tentando criar um título europeu comum, o que significa ter o diploma válido e poder atuar em qualquer país do bloco, isso ainda não é uma realidade para todos os cursos e profissões.

Agora, se você pretende ter uma carreira internacional e a atividade profissional que pretende exercer não tem tanta regulamentação no Brasil nem nos países em que pretende atuar (ex.: como nas profissões para quem é formado em administração de empresas ou computação), então você pode investir na graduação no exterior.

Supondo também que você faça um mestrado fora e depois tenha interesse em fazer um doutorado no Brasil, algumas universidades exigirão o reconhecimento do mestrado feito no exterior, ou seja, você poderá ter que esperar até 2 anos para poder de fato começar o doutorado.

INTERCÂMBIO PARA TODOS

CONHEÇA SEU PERFIL E MANTENHA O FOCO

Acompanhe este exemplo:

> Carla tem 30 anos, é formada em letras pela Unesp e pós-graduada em língua e literatura comparada pela PUC-SP. Ela trabalha como professora de português e literatura no Ensino Médio, sendo concursada da Prefeitura de São Paulo, e também tem algumas turmas no ensino privado. É fluente em inglês, por anos estudando no Brasil e um intercâmbio de curta duração no Canadá. Porém, ela não tem nenhum teste de proficiência que ateste seu nível do idioma. Carla foi uma aluna de notas médias na graduação, porém se destacou bastante na pós, ao envolver-se em pesquisas e eventos da comunidade acadêmica, tendo se formado com honras. Ela já juntou cerca de 30 mil reais para realizar seu sonho de fazer um mestrado em literatura infantil, mídia e cultura no exterior, porém, tem ciência de que seus recursos próprios serão insuficientes para arcar com todas as despesas do curso, taxas, passagens, moradia, alimentação e transporte ao longo dos dois anos do mestrado.
> Ela quer retornar ao Brasil no término do curso e poder dar aulas em faculdades e universidades. Além disso, conseguirá pedir uma licença sem remuneração do seu cargo público durante o período de estudos fora. Assim, quando voltar ao Brasil, ainda terá garantido seu emprego.

Perceba, no caso de Carla, como traçar um simples resumo de seu perfil acadêmico e profissional orienta as pesquisas que ela precisará fazer. Por exemplo: Carla precisará buscar uma universidade que ofereça, no mínimo, bolsas parciais, e o idioma do curso deverá ser inglês. Ela precisa de um curso que confira grau, pois quer se tornar mestre em sua área. Sabe também que não poderá se candidatar ainda, porque precisa fazer a prova de proficiência do idioma.

Sem considerar esses pontos, a pesquisa de cursos, universidades e bolsas ficará sem foco, e você muito provavelmente desistirá na primeira semana de buscas.

Quando não conhecemos nosso perfil, a tendência é atacar para todos os lados: "Olha uma bolsa de um curso excelente em alemão", mas você fala bem o espanhol. Depois de mais alguns dias, você vê em um grupo do Facebook um curso novo com um valor atraente em uma universidade renomada da Itália que você acha o máximo, mas ele é em italiano, e você não sabe nada de italiano. Um site de estudos no exterior indica uma bolsa *stipend*, que cobrirá praticamente todas as suas despesas, mas é na área de matemática e estatística para alunos de excelência acadêmica, e você tem um histórico de passar raspando nessas matérias.

Desenhando seu perfil como aluno, você não perde tempo buscando informações que não o ajudarão, que, aliás, só o confundirão mais e atrasarão seu processo de pesquisa.

Saber quem você é como aluno e profissional e o que deseja com o curso o ajudará a encontrar um curso, uma universidade e até mesmo uma bolsa de estudos com aderência ao seu perfil, o que aumenta e muito suas chances de conseguir ser aprovado e admitido.

A seguir, vamos olhar com mais detalhes para três momentos de vida, suas oportunidades e as decisões que cada um exige ao se iniciar o planejamento para estudar no exterior.

PARA VOCÊ QUE AINDA ESTÁ CURSANDO O ENSINO MÉDIO

Quem está no Ensino Médio, tem possibilidade de buscar universidades no mundo todo para iniciar a graduação. Se já é complicado para o estudante entre 15 e 18 anos decidir seu futuro, devido às inúmeras opções de ensino superior no Brasil, quem descobre que há instituições no mundo todo que aceitam estudantes internacionais tem ainda mais dúvidas de que caminho seguir e como o seguir, afinal o processo de começar os estudos no exterior varia muito de país para país.

Como já mencionamos, é muito importante não perder de vista os três elementos que aumentarão as chances de admissão em qualquer universidade no exterior. São eles: dominar um idioma estrangeiro, ter um bom aproveitamento escolar e ter recursos financeiros suficientes.

É comum que, nesse momento, o estudante tenha uma série de opções, ou seja, enquanto está se candidatando para universidades no exterior, também está se inscrevendo em processos seletivos para universidades aqui no Brasil. A nossa dica é que você procure se organizar e não tente dar um passo maior do que a perna, fazendo sua candidatura para muitas universidades em muitos países ao mesmo tempo. Lidar com o processo brasileiro já é bastante estressante. Então, foque no máximo mais um país, assim, você poderá conhecer melhor todos os detalhes necessários para uma boa candidatura e aumentar suas chances de admissão. Em outras palavras: mais vale candidaturas para algumas universidades de um mesmo país no exterior bem-feitas do que várias em diferentes países feitas sem o devido cuidado e atenção necessária.

Quando terminamos o Ensino Médio, estamos no início da nossa caminhada para a próxima etapa, que é o ensino superior, e haverá vários outros momentos e formas de se aproveitar oportunidades de ensino superior no exterior. Portanto, não tenha tanta pressa e não se frustre se as coisas não saírem como planejou em um primeiro momento. As oportunidades para estudar no exterior não vão fugir de você e estarão sempre disponíveis.

PARA VOCÊ QUE JÁ TERMINOU O ENSINO MÉDIO

Se você já finalizou o Ensino Médio há mais de um ano, ainda não é tarde para buscar uma graduação no exterior, mas você deve fazer isso com bastante atenção aos calendários de cada país. Um ponto importante de entender: considerando que você já se formou no Ensino Médio e não terá como melhorar seu aproveitamento escolar, se ele não for tão bom, terá de buscar outras formas de mostrar sua evolução acadêmica e pessoal para algumas universidades mais seletivas. Como fazer isso? Alguns exemplos: tirando notas excelentes no teste de proficiência em língua estrangeira e nos demais testes de admissão exigidos pelas universidades, e incluindo informações de atividades extracurriculares, que são o envolvimento em atividades relacionadas às causas e interesses do estudante, por exemplo, projetos ambientais, proteção aos animais, projetos artísticos ou sociais, como trabalhos de impacto em comunidades em situação de risco.

A idade tradicional para entrar na graduação em vários países é entre 17 e 24 anos, mas, se você já passou dessa idade, ainda há chances. É possível iniciar a graduação fora da idade tradicional, pois muitas universidades têm formas de ingresso distintas para esse perfil ou contam com regimes de estudos que podem validar experiência de trabalho. A dica aqui é: pesquise bastante como isso funciona nos países e instituições de ensino em que você domina o idioma de instrução.

Se ainda não iniciou a graduação no Brasil, você pode fazer a sua candidatura diretamente para as universidades no exterior em países como EUA, Canadá e Portugal. Já em países como Inglaterra e Alemanha, você deve entrar em um ano de estudos preparatórios para a universidade. Em vários países, como a França, você pode entrar na universidade aqui no Brasil, por vestibular ou qualquer outro processo seletivo, e, comprovando que passou no processo seletivo de uma universidade brasileira, solicitar o ingresso na universidade local.

PARA VOCÊ QUE ESTÁ CURSANDO UMA GRADUAÇÃO NO BRASIL

Se já entrou na universidade e está cursando o primeiro ano, você pode pedir transferência de universidade ou de curso. No primeiro caso, para a transferência de universidade, você deve pesquisar como funciona o processo de transferência para estudantes internacionais na sua universidade de interesse. Há universidades que só aceitam a transferência se houver vaga no mesmo curso e compatibilidade do conteúdo cursado. No segundo caso, no ato do pedido de transferência para a universidade no exterior, você consegue em algumas instituições solicitar também a mudança de curso.

Uma dúvida frequente é: E se eu cursar até o terceiro ou quarto ano de graduação aqui no Brasil e depois quiser transferir no último ou penúltimo ano para me formar no exterior? Uma coisa que aprendemos em todos esses anos de educação internacional é que tudo é possível, mas algumas ideias que parecem funcionar no papel não funcionam na prática. Veja bem, há todo um trabalho necessário para avaliar a compatibilidade de currículo e revalidar créditos que deve ser feito pela instituição de ensino estrangeira. Não é raro encontrar universidades que limitam a quantidade máxima de equivalência de créditos de outra instituição para no máximo dois anos, logo, o que não for compatível com essa carga horária ou que ainda não tiver sido cursado deverá ser cursado, restando muitas vezes mais de três anos a cursar. Então, uma ideia que no papel parecia muito lógica (vou transferir quando faltar só um pouquinho e então pego o meu diploma no exterior), na prática não funciona. Recomendamos esse tipo de transferência apenas quando é inevitável: por exemplo, quando toda a sua família se muda para o exterior e você não pode ou não quer ficar mais um ano no Brasil para se formar.

Nessas situações de transferência, há uma perda significativa da experiência universitária, além de questões de adaptação quando se chega à metade do curso em uma turma em andamento.

Uma crença ligada à transferência de curso ou universidade para outra instituição no exterior é a de que haverá um aproveitamento "automático" de disciplinas cursadas. Na prática, isso depende muito das regras de cada instituição. Em algumas delas, o estudante pode ser considerado candidato para admissão por transferência se ele já foi matriculado no ensino superior de qualquer país, mesmo que não tenha cursado. Já em outras instituições, mesmo que o estudante tenha cursado disciplinas universitárias, ele só será considerado apto a uma transferência se houver aproveitamento de disciplinas ou créditos aprovados, caso contrário, deverá começar do zero.

Se você já entrou na universidade e está cursando do segundo ano em diante, há uma oportunidade muito interessante e que está fora do radar da maioria dos estudantes universitários, que é fazer um intercâmbio acadêmico. Diferentemente do programa de intercâmbio de idiomas que já lhe apresentamos no Capítulo 3, esse intercâmbio é exclusivo para estudantes universitários, pois demanda vínculo com a instituição de origem.

O primeiro passo para fazer um intercâmbio durante a graduação é se certificar se sua universidade oferece programas de intercâmbio, e nossa recomendação é procurar se informar logo que você começar a cursá-la, no primeiro semestre. Assim, você já fica sabendo quais são os pré-requisitos do programa de intercâmbio e já começa a se preparar do ponto de vista acadêmico, financeiro e de idioma. Será preciso ter atenção à forma que sua universidade seleciona os estudantes, se é por edital ou indicação de professores ou coordenadores, ou qualquer outro tipo de seleção, e ficar de olho nos veículos de informação (e-mail, portal, mural etc.) para não perder as inscrições quando surgir o momento.

Mesmo que a sua universidade não tenha programas de intercâmbio, você tem a opção de fazer o intercâmbio como *visiting student*, ou *free-mover*; nesse caso, você precisará trancar sua universidade pelo período de intercâmbio. Recomendamos que você busque opções de universidades em que consiga cursar as disciplinas durante seu tempo de trancamento (um semestre ou um ano) e desenvolva junto com seu coordenador de curso no Brasil um plano de estudos de disciplinas que podem ser compatíveis, se quiser optar por aproveitamento de estudos, ou então escolha estudar disciplinas que sua universidade não oferece.

SE VOCÊ JÁ É GRADUADO

Quem já tem algum tipo de formação, independentemente de quanto tempo se formou ou da idade com que esteja, ainda há muitas oportunidades para estudar fora. Geralmente, percebemos três fortes motivações

INTERCÂMBIOS NO ENSINO SUPERIOR **105**

que levam profissionais já formados a buscarem cursos no exterior.

A primeira dessas motivações pode ser a vontade ou necessidade de fazer uma mudança de carreira. O estudante com esse perfil pode buscar uma nova graduação ou uma pós voltada à nova área de interesse. A vantagem para o estudante é retomar o contato com o ambiente universitário, o que lhe proporcionará uma rica rede de contatos para que ele possa se colocar na nova profissão.

A segunda motivação frequente é a busca por um aperfeiçoamento profissional. Para esse perfil, há muitas opções de cursos de curta, média e longa duração, tudo depende do objetivo do estudante, do tempo disponível para os estudos e do investimento para a experiência.

A terceira motivação é o interesse ou a necessidade de internacionalização da carreira. Para esse perfil, as opções de cursos também são diversas. Há quem opte por estudar no país para o qual deseja imigrar ou buscar uma oportunidade de trabalho temporária. Quando a necessidade vem da empresa em que se trabalha, é possível tentar alguma ajuda de custo. Vamos falar mais adiante sobre as formas de financiamento dos estudos de ensino superior no exterior.

DICA ↓

O caminho de estudar fora é muito pessoal. Não se engane pensando que é só estudar na mesma escola que alguém que foi estudar no exterior que logo suas chances de admissão serão iguais ou que garantindo a pontuação na prova de proficiência já estará tudo resolvido. Não fique se comparando com outras pessoas e achando que se você cumprir todos os requisitos já estará tudo garantido ou que, então, você nunca terá chances, pois não contou com as mesmas oportunidades tidas por outras pessoas. Cada universidade tem seus critérios de admissão e muitas vezes procura diferentes perfis de estudante. Cada processo é único. Não existe receita de bolo.

Veja no quadro a seguir um checklist das principais perguntas que você precisa responder para começar a busca pelo seu curso no exterior, com base no que conversamos até agora. Você encontra esse arquivo para download no site oficial do livro.

■ CHECKLIST

Nome:

Idade:

Idioma

Idioma do curso que desejo:

( ) Inglês ( ) Espanhol ( ) Francês ( ) Alemão ( ) Outro:

Meu nível atual: ( ) A1 ( ) A2 ( ) B1 ( ) B2 ( ) C1 ( ) C2

Nível exigido pela universidade: ( ) A1 ( ) A2 ( ) B1 ( ) B2 ( ) C1 ( ) C2

Preciso de teste de proficiência? ( ) Sim ( ) Não . Se sim, qual?

Escreva seu plano de estudos:

Desempenho acadêmico

Minha média:

Média que a universidade exige:

Atividades extras que podem contar pontos:

Financeiro

Recursos próprios que tenho hoje:

Recursos próprios que pretendo juntar até a viagem:

Precisarei de bolsa? ( ) Sim ( ) Não

Se sim, de que tipo: ( ) 100% + ajuda de custo (*stipend*) ( ) Apenas o valor integral do curso ( ) Parcial, apenas um desconto no valor do curso e taxas.

Precisarei trabalhar durante o curso? ( ) Sim ( ) Não

Se sim, o horário das aulas permite que eu tenha tempo extra para trabalhar? ( ) Sim ( ) Não

Objetivos

O que eu quero com esse curso?

Preciso de um curso que confere grau? ( ) Sim ( ) Não

Preciso de uma universidade forte em ciência e pesquisa? ( ) Sim ( ) Não

Precisarei revalidar meu diploma? ( ) Sim ( ) Não

Quero uma universidade que incentive projetos de inovação e empreendedorismo (ex.: fomento a startups), mantenha parcerias com empresas para estágios, proporcione oportunidades de mobilidade de estudos em outras universidades nacionais e/ou de outros países? ( ) Sim ( ) Não

Perfil estudantil

Escreva seu perfil como mostramos no exemplo de Carla.

INTERCÂMBIOS NO ENSINO SUPERIOR **107**

Agora que você já mapeou seu perfil, entenda como são chamadas as instituições de ensino no local em que você está pensando em estudar.

TIPOS DE INSTITUIÇÕES DE ENSINO NO EXTERIOR

Aqui no Brasil, temos as universidades, os centros universitários, as faculdades, os institutos tecnológicos etc. No exterior, as instituições não se organizam da mesma forma, pois não existe nenhum padrão internacional, e a tradução do vocabulário necessita de adaptação local. Conheça a conceituação dos nomes de ensino superior no exterior nos destinos mais procurados por brasileiros: Estados Unidos, Canadá, Europa de forma geral e, em particular, Portugal.

ESTADOS UNIDOS

Os Estados Unidos são a sede das melhores universidades do mundo. O grande investimento público e privado no ensino superior tornou os EUA um dos centros de educação, ciência e pesquisa mais respeitados do planeta. Não à toa, o país atrai milhares de estudantes internacionais todos os anos.

No sistema público, encontramos faculdades e universidades administradas pelos governos municipais, distritais, estaduais ou federal. O governo tem o papel de subsidiar o ensino dos contribuintes em algum nível, mas a mentalidade que predomina no país é a de que o Estado é responsável pela educação básica e a família arcará com os custos do ensino superior, por isso é tão comum vermos nos filmes que qualquer dinheiro que a criança ganhe vá para a poupança voltada para bancar o ensino superior.

No sistema privado, o financiamento das instituições vem das anuidades pagas pelos estudantes, doações e fundos de investimento (os *endowments*). Muitas das instituições mais prestigiadas e reconhecidas do país são universidades privadas, incluindo todas as escolas da famosa Ivy League, entre elas, Harvard University e Princeton University, e também outras de muito prestígio, como Stanford University, Emory University, Northwestern University, University of Chicago e Vanderbilt University. Também é importante saber que todas as universidades com afiliação religiosa são privadas, como a University of Notre-Dame.

VOCÊ SABIA?

A University of California — Los Angeles (UCLA), é muito usada como set de filmes e séries. Ela já foi locação de quase 300 produções de cinema e televisão.

Os termos *university*, *College* e *school* são usados muitas vezes como sinônimos. Geralmente, o termo *university* se refere a instituições de ensino que se dedicam a estudar várias áreas do saber e se dividem em *Colleges* ou *schools* que concentram os estudos em determinadas áreas. Existem outras formas, menos frequentes, de denominar essas divisões de ensino: *division, faculty* e *institute*.

Por exemplo, a *University of Pennsylvania* se divide em 12 escolas, entre elas, a mundialmente renomada *The Wharton School*, focada no estudo das áreas de administração de empresas, empreendedorismo, liderança e finanças.

Outro exemplo é a *Harvard University*, que, entre suas divisões, há a *Harvard College*, que concentra as graduações; a *Harvard Graduate School of Education*, focada em pós-graduação na área de educação; o *Raddclife Institute for Advanced Study*, instituto de pesquisa interdisciplinar na área de ciências humanas e sociais. Existe também a *Harvard Division of Continuing Education*, que oferece cursos de desenvolvimento profissional, e a *Harvard Faculty of Arts and Sciences*, a maior divisão da universidade.

Na prática, esses nomes indicarão setores da universidade, e com o tempo você começa a pesquisar e entende que cada universidade se organiza de uma forma. Um outro termo importante que tem duplo significado é *faculty:* como mencionado antes, pode ser uma divisão da universidade, mas também significa corpo docente. Não podemos esquecer a palavra *campus*, que é muito importante no sistema de ensino norte-americano, e refere-se ao espaço físico da universidade, seus prédios, bibliotecas e laboratórios. E, por fim, a palavra *dorms*, que se refere às residências estudantis tão associadas ao estilo de vida do universitário norte-americano.

College também é um termo usado para designar instituições de ensino superior de dois anos, nas quais o estudante pode estudar por esse período após o Ensino Médio e obter um *associate degree* ou solicitar sua transferência para uma instituição de ensino de quatro anos de ensino. São chamadas *community, technical, junior* ou *city Colleges* as instituições de ensino vocacional, técnico e pós-secundário.

Há um tipo específico de College, chamado de *liberal arts Colleges*, que tem um foco em graduação de uma forma bastante diferente da encontrada no Brasil. Essas instituições promovem um ensino que privilegia uma visão geral das artes, humanidades, matemática, ciências naturais e ciências sociais. Essas faculdades permitem que os alunos explorem diferentes disciplinas, de forma a aprenderem e criarem habilidades que podem ser transferidas entre diferentes áreas e carreiras, em vez de seguirem um currículo acadêmico predefinido voltado à preparação para uma carreira específica.

Essas instituições não podem ser confundidas com as escolas de arte, *art schools*, pois *liberal arts Colleges* oferecem o mesmo nível de ensino e rigor em estudos de ciências ou matemática que universidades voltadas à pesquisa. Já as escolas de arte, em geral, dedicam-se ao ensino das múltiplas formas de arte e expressão, e formam pessoas em cursos técnicos, de graduação e pós-graduação que poderão atuar nas várias profissões da indústria criativa.

A principal diferença entre o corpo docente das *liberal art Colleges* e o das *research universities* é que, enquanto na primeira, o corpo docente está primariamente focado no ensino, na segunda, o foco é a pesquisa.

Research universities tendem a ser instituições maiores e se concentram na pesquisa. Essas universidades têm muitos programas de bacharelado e oferecem da pós-graduação até o doutorado. Muitos professores dessas universidades conduzem pesquisas, além disso, dão aulas dentro de sua disciplina. Pode haver oportunidades de pesquisa para alunos de graduação, mas alunos de mestrado e doutorado conduzem uma grande parte das pesquisas no campus.

As universidades de pesquisa oferecem programas em várias áreas do saber, mas tendem a se tornar conhecidas em áreas do saber específicas, como o Massachussets Institute of Technology, o famoso M.I.T., que é notoriamente conhecido por ensino e pesquisa na área de exatas e ciências, mas que também tem departamentos de humanas e ciências sociais aplicadas.

As universidades de pesquisa podem ser públicas, como a University of North Carolina, em Chapel Hill, a mais antiga universidade pública de pesquisa norte-americana. Ou podem ser privadas, como a Stanford University, na Califórnia, universidade em que dois estudantes de doutorado se conheceram e criaram uma das marcas mais valiosas de hoje, o Google.

Agora você já sabe, quando perguntamos a alguém que fez a graduação nos Estados Unidos: Onde você estudou? A resposta será o nome da university ou College em que se formou. E, se a pessoa tiver especialização ou pós-graduação, irá mais além e talvez mencionará em qual school, College, division, faculty ou institute se formou.

CANADÁ

Há anos, algumas cidades canadenses figuram entre as melhores para se viver. Somam-se a isso a segurança, o multiculturalismo, as oportunidades de trabalho e os incentivos para a imigração, e temos o cenário perfeito para atrair estudantes internacionais.

O sistema de ensino superior do Canadá tem uma particularidade: é um sistema de ensino bilíngue, em que o inglês e o francês podem ser escolhidos como língua de ensino. O Canadá tem em sua maioria instituições de ensino superior que recebem subsídio dos governos provinciais e territoriais, e esse é um dos motivos para estudar no Canadá ser relativamente mais barato em comparação aos EUA, especialmente sem bolsa de estudos.

No ensino superior, existem dois caminhos que o estudante pode seguir: formação profissional vocacional ou formação acadêmica, que inclui a conferência de grau nos cursos de graduação, mestrado e doutorado. Para poder escolher qual caminho seguir após o Ensino Médio, o estudante precisa colocar em perspectiva que tipo de educação ou carreira gostaria de ter nos próximos anos, pois as escolhas de instituições, a partir de então, serão muito diferentes.

A escolha entre uma educação de formação profissional ou acadêmica reflete o caminho a ser seguido pelo estudante em cada uma das 13 jurisdições canadenses (10 províncias e 3 territórios). Há muitas semelhanças e algumas diferenças entre cada um desses 13 sistemas de ensino, e é consenso que a formação profissional estará sempre ligada às necessidades regionais de desenvolvimento de mão de obra, de acordo com as necessidades do mercado de trabalho e as características, como geografia, história, língua e cultura, específicas de cada região.

Dessa característica regional e descentralizada do ensino superior, surgem diferentes nomes para o mesmo tipo de ensino, e o termo *College* no Canadá pode se referir a *community Colleges*, *Colleges of applied art and applied technology* e *career Colleges*. Podendo ainda ter denominações como tecnology institutes, polytechnic institutes ou cegep. Então, é normal sentir confusão ao começar a pensar em estudar no Canadá e encontrar tantos nomes diferentes para o mesmo nível de ensino. Vamos dar alguns exemplos para facilitar a compreensão.

Os *community Colleges* são instituições financiadas e reguladas pelo governo local e podem conceder diplomas técnicos, vocacionais e o *associate degree* (graduação de dois anos). O Centennial College, por exemplo, foi a primeira instituição do país a fornecer esse tipo de educação, em 1966, e tem mais de 25 mil estudantes em tempo integral. É um dos Colleges com maior atividade de internacionalização, tendo alcançado em 2020 o número de 13 mil estudantes internacionais matriculados.

A seguir, veja alguns exemplos de como o ensino superior no Canadá é diverso e como as opções de cursos atendem às necessidades das províncias. A Algonquin College of Applied Arts and Technology é uma instituição pública localizada na capital do país, Ottawa, sua missão é o ensino pós-secundário avançado, e seus cursos vão desde vocacionais básicos, como construção em madeira, às ciências de dados e de computação, inclusive com pesquisa aplicada. Já a Nunavut Arctic College, instituição pública mais ao norte do país, é bastante peculiar, por estar localizada no círculo polar ártico no território de Nunavut, e foca programas de desenvolvimento da comunidade local, oferecendo programas bastante específicos, como enfermagem ártica. Já a Saskatchewan Polytechnic, é uma instituição pública com atuação que vai desde a agricultura à inteligência artificial, da biotecnologia à biomecânica, atendendo às necessidades de desenvolvimento da província de mesmo nome.

Os *career Colleges,* por sua vez, são privados e podem ser especializados em alguma área específica, como gastronomia ou cinema. O Vancouver Institute of Media Arts (VanArts), em Vancouver, oferece programas de capacitação em artes visuais, mídia e artes cênicas, além de alguns mais

INTERCÂMBIO PARA TODOS

longos, em parceria com outras faculdades e universidades. Já o Toronto Business College tem foco principal em negócios e administração.

Caso você pretenda fazer cursos de duração de mais de três meses, é importante fazer duas ressalvas sobre a opção por estudar em instituições privadas de ensino superior. A primeira é que nem todas as instituições privadas podem matricular estudantes internacionais. Para isso, a instituição precisa estar em uma lista do governo chamada de Designated Learning Institutions (DLI). A segunda ressalva é para quem planeja fazer estágio ou trabalhar após a formação: é importante consultar se a instituição pode emitir uma autorização de trabalho (Post-graduate Work Permit). Fazemos essas ressalvas para que você entenda as implicações ao escolher cada tipo de instituição na sua experiência de curto, médio e longo prazo.

Na província do Quebec, os CEGEP, *collège d'enseignement général et professionnel,* ou *College of general and vocation education,* são instituições públicas que oferecem ensino pré-universitário e ensino técnico especializado. Foram criados com o intuito de tornar a educação superior mais acessível e preparar os estudantes para essa nova etapa de ensino. Nessa província, o Ensino Médio dura um ano a menos que no restante do país. Após o Ensino Médio, o estudante pode frequentar o CEGEP por dois anos em programa pré-universitário ou então optar pelo programa de formação técnica, de três anos. Após ambos os percursos, o estudante poderá entrar na universidade, que também dura três anos.

Há também instituições privadas no Quebec, que também podem se chamar collèges (note aqui a escrita francesa) ou CEGEP, como as instituições públicas. Na província, são ao todo 121 instituições entre públicas e privadas nesse nível de ensino. É curioso que, mesmo o Quebec sendo uma província em que a língua francesa é a principal, além dos Colleges que ensinam em francês, há instituições que ensinam em inglês, como o Vanier College, em Montreal. E outra curiosidade é que no Quebec há um outro Centennial College, um CEGEP privado que não tem relação com seu homônimo de Toronto.

No Canadá, alguns Colleges são tão especializados e têm uma estrutura tão robusta que também estão autorizados a oferecer bacharelado e programas de pós-graduação que não conferem grau (especialização), mas que são graus específicos e avançados chamados de certificates. Mais à frente, traremos mais detalhes, e você conhecerá esse tipo de pós-graduação em maior profundidade.

No Canadá, o termo *university* é geralmente reservado para instituições públicas ou privadas que concedem diplomas de bacharelado, mestrado e doutorado, e realizam tanto ensino quanto pesquisa. Mas, assim como nos EUA, é importante saber que as universidades públicas não são gratuitas, mas contam com subsídios para oferecer excelentes programas em estruturas universitárias de primeira linha e, muitas vezes, com bolsas de estudos parciais ou até totais para os estudantes internacionais. Nas universidades privadas canadenses, o modelo de financiamento também segue o norte-americano.

As universidades são divididas em unidades menores, como podemos ver a seguir.

A University of Toronto, instituição localizada na cidade homônima, é dividida em várias unidades, como a Rotman School of Business, a Dalla Lana School of Public Health, a Faculty of Music e mais 15 outras unidades acadêmicas de alta relevância no ensino e pesquisa no país. Na outra costa do Canadá, a University of British Columbia divide suas unidades acadêmica em escolas, sendo exemplos a School of Nursing, a School of Music e a School of Journalism. A Université de Montréal é dividida em 13 *facultés* e *écoles*, entre essas divisões, estão duas escolas inspiradas no modelo francês de formação superior, a Polytechnique Montréal, escola focada na formação de engenharia, podendo formar especialistas em engenharia química, elétrica, informática, mecânica, física, civil e aerospacial, e também a HEC Montréal, escola focada em administração de negócios, contabilidade, gestão e finanças.

VOCÊ SABIA?

Uma estrutura educacional bastante diferente que existe tanto no Canadá quanto nos EUA são as faculdades residenciais. Esse conceito vem do Reino Unido.

Esse conceito vai muito além da ideia de o estudante morar no campus universitário durante seus estudos, como é frequente em universidades nesses locais. Nas faculdades residenciais, o estudante passa a fazer parte de uma comunidade por toda a sua vida acadêmica e após ela, mesmo quando não vive mais nos dormitórios associados a ela.

As faculdades residenciais geralmente são ligadas a uma universidade, mas com independência de administração, com suas próprias tradições e rituais. Em geral, esse conceito de faculdade residencial inclui morar, estudar, fazer as refeições, discutir tópicos com seus colegas e professores e frequentar a biblioteca de sua "casa" antes de se integrar com outros recursos da universidade.

Na Inglaterra, um exemplo é a Universidade de Oxford. Para ser membro da universidade, todos os alunos e a maior parte do corpo docente e acadêmico devem integrar uma das 45 residências entre 39 Colleges e 6 halls. Um exemplo de tradição em Oxford é vestir um traje acadêmico formal (academic gown — *subfusc*) em ocasiões como cerimônias de matrícula, formaturas e exames.
Um ritual não obrigatório, que, no entanto, todos seguem, é o uso de cravos para os exames. O estudante usa um cravo na lapela, da cor branca para exames iniciais, rosa para os exames intermediários, e o cravo vermelho no exame final.

No Reino Unido, sete universidades adotam o conceito de faculdades residenciais. Já nos EUA, em que a ideia vingou com bastante força, são 37 instituições, entre elas Princeton University e Rutgers, The State University of New Jersey. No Canadá, são sete universidades, sendo dois exemplos a University of British Columbia e a Trent University.

Residential Colleges tendem a ser mais caras, porém, também oferecem muitas opções de bolsas. Esse tipo de universidade tem um olhar mais global na admissão, olhando não apenas notas, mas também interesses, projetos pessoais, histórico de envolvimento com a comunidade etc.

INTERCÂMBIOS NO ENSINO SUPERIOR **115**

Agora vamos sair do continente norte-americano e viajar para a Europa para entender como são as nomenclaturas do ensino superior por lá.

EUROPA

A Europa é uma região única do mundo, concentra 50 países dentro de um território pouco maior que o espaço ocupado pelo Brasil. Com isso, já é de se prever que estudar na Europa seja instigante, pois há uma enorme diversidade cultural no continente, devido a diferentes acontecimentos históricos, regionalidades e distribuição de diferentes etnias por ele.

Na maioria das áreas de estudos, por motivos históricos, faz muito sentido estudar na Europa. A colonização europeia pautou a cultura do continente norte-americano, e, por isso, muitos dos estudiosos dos EUA, Canadá, México, Brasil, Argentina, entre outros países do continente norte-americano veem como necessário fazer intercâmbio de estudos na Europa, pois assim é mais fácil compreender certos acontecimentos e trabalhar em fontes e documentos arquivados no continente europeu.

Por outro lado, por seu mercado econômico compartilhado e população que envelhece e diminui com o passar dos anos, é cada vez maior o interesse dos brasileiros por fortalecer suas conexões com o continente, para trabalho ou para estudos. E o interesse não é só dos brasileiros, há um enorme incentivo de atração de talentos internacionais de todo o mundo, porque o continente tem estabilidade política, social e econômica. A Europa encanta estudantes e trabalhadores de todo o mundo que querem melhorar suas condições de vida, de empregabilidade e ganhos em moeda forte.

Na União Europeia, esforços incessantes têm sido feitos para uma maior integração dos Estados-membros, e tais esforços têm sido muito bem-sucedidos em termos de educação. Somado à tendência geral de globalização, isso resultou na criação de muitos cursos de ensino superior com realização em inglês como língua comum, uma tendência educacional que tem crescido no mundo nos últimos dez anos.

Agora é possível estudar nas melhores universidades da Alemanha, Itália, França e Espanha, por exemplo, sem falar e escrever em nível avançado na língua local. Nesses programas, as aulas, os livros e os projetos são em inglês. Todos os alunos, não importa de onde sejam, são proficientes em inglês. Além disso, a comunidade é fluente em inglês em muitos países europeus, especialmente nos países nórdicos. Assim como nas áreas de ciências, TI, engenharia e negócios, a língua de trabalho tem sido cada vez mais o inglês. Muitos estudantes, inclusive europeus, estão estudando em inglês visando melhorar suas perspectivas de empregabilidade.

A facilidade de migração educacional europeia foi possível por meio do Processo de Bolonha e do desenvolvimento do Quadro Europeu de Qualificações. Isso garantiu que todos os países envolvidos oferecessem uma estrutura de bacharelado-mestrado-doutorado, reconhecível e compreensível para quem viesse de outro país e também para que todas as qualificações profissionais, como medicina e enfermagem, fossem consideradas equivalentes para suprir demandas urgentes de trabalho.

Ainda permanecem algumas diferenças em cada sistema de ensino, respeitando sua história e necessidades locais. Há diferentes tipos de instituição, e, por isso, vários tipos de formações, estrutura organizacional e física.

E, justamente por essa diversidade, vamos apenas classificar as instituições de ensino da Europa em grandes grupos; essa classificação o ajudará a entender quais características buscar para seu próximo passo de estudo no exterior. Existem grandes universidades com várias unidades por área (as faculdades), faculdades e escolas autônomas, institutos de formação tecnológica, tanto públicos como privados.

Daremos, a seguir, mais destaque a Portugal, por ser um dos destinos mais buscados pelos brasileiros na Europa.

PORTUGAL

Em Portugal, assim como já vimos em outros países, o estudante pode optar por dois caminhos de educação, um mais acadêmico, que pode levar ao mestrado e doutorado, e outro mais aplicado, com foco mais profissional e alinhado com as necessidades do mercado de trabalho local.

Optando pelo acadêmico, vamos encontrar as seguintes instituições: universidades, faculdades e institutos superiores universitários.

O sistema de ensino superior português inclui o ensino superior público, constituído por instituições criadas pelo Estado e as suas fundações, bem como o ensino superior privado, constituído por instituições compostas por entidades privadas e cooperativas.

Os institutos politécnicos e as escolas superiores podem ser públicos ou privados, e oferecem uma formação tecnóloga, ou seja, uma formação prática voltada ao mercado de trabalho. Em média, os cursos duram 2 anos.

INTERCÂMBIOS NO ENSINO SUPERIOR **117**

Existem também as faculdades e os institutos independentes, que podem ser públicos ou privados. Dentro do escopo das instituições privadas, temos as religiosas, como a Universidade Católica Portuguesa.

As universidades também podem ser públicas ou privadas, e oferecem todos os graus, como: graduação, mestrado, doutorado e pesquisa, e, como nos demais países, dividem-se internamente em faculdades e institutos.

Como exemplo, podemos citar a Universidade Nova de Lisboa, que possui nove divisões internas: Faculdade de Ciências e Tecnologia, Faculdade de Ciências Sociais e Humanas, Nova School of Business and Economics, Nova Medical School ou Faculdade de Ciências Médicas, Instituto de Higiene e Medicina Tropical, Nova Information Management School, Instituto de Tecnologia Química e Biológica, Escola Nacional de Saúde Pública.

O ensino superior em Portugal está buscando se internacionalizar. É possível encontrar, por exemplo, cursos de mestrado que fazem parte do programa Erasmus Mundus Joint Master Degrees, que são programas envolvendo duas ou mais universidades da Europa, nas quais o estudante fará pelo menos um semestre em cada país em cursos ministrados 100% em inglês. A pesquisa em Portugal, na área de ciência, tecnologia, engenharia e matemática, também tem muitos cursos em inglês.

Porém, essa variedade de cursos ministrados em inglês não é uma realidade em todas as áreas, por isso, se fazer um curso em inglês é algo importante para você, pode ser que Portugal não seja o destino ideal, vai depender da área que você deseja estudar.

Agora que você já entendeu como funcionam os nomes e as divisões das universidades, vamos nos aprofundar mais na parte financeira do seu planejamento.

ENTENDENDO OS CUSTOS DO ENSINO SUPERIOR NO EXTERIOR

A primeira surpresa de muitos brasileiros, quando começam suas pesquisas, é descobrir que o sistema de ensino superior dos Estados Unidos, Canadá, Europa e muitos outros países é pago também nas universidades públicas.

Estudar em outro país implica gastos por um período de tempo estendido — em geral, quatro anos se seu objetivo for fazer uma graduação completa ou entre um e dois para cursos de especialização e pós-graduação.

INTERCÂMBIO PARA TODOS

Durante esse tempo, é preciso pensar que haverá gastos com moradia, alimentação, livros, materiais, e, em muitos casos, anuidades e taxas da universidade. Então, para aumentar suas chances de sucesso nessa empreitada, é importante iniciar um planejamento financeiro o quanto antes, para reunir o máximo possível de recursos.

Em alguns destinos, fica a cargo da universidade determinar se o estudante terá condições de arcar com os custos de estudar lá naquele país, e muitas podem até negar admissão se perceberem que o estudante não reúne condições financeiras suficientes. Em outros destinos, quem faz esse papel é o consulado do país no momento de avaliar as condições financeiras do estudante para conceder um visto de estudos. A comprovação de fundos é uma etapa central do processo de planejamento para estudar no exterior, seja com recursos próprios, ajuda da família ou bolsa de estudos.

Há duas perspectivas: a dos estudantes internacionais interessados em graduação e a dos interessados em pós-graduação.

Para os interessados em graduação, as universidades públicas são geralmente menos seletivas na admissão, porém, mais caras se comparadas a quanto cobram dos locais. *Community Colleges* podem cobrar uma anuidade maior do estudante internacional, mas isso não é regra. Note que aqui estamos falando do estudante que está no Brasil e se candidata para um visto. Não estamos falando de imigrantes que já moram no país e podem estar pagando os impostos locais, portanto, beneficiando-se dos subsídios locais.

O importante é saber que, na graduação, na maioria dos países, há cobrança de valores diferentes de anuidade, menores para os residentes e maiores para os estudantes internacionais. Por isso, quando for pesquisar, sempre busque essa informação no site da universidade, em uma área chamada de "International Student", onde todos os requisitos, valores e orientações são focados na inscrição do estudante internacional.

Um país que foge à regra, cobrando uma anuidade diferente para alunos locais e internacionais, é a Alemanha. Lá, o custo do ensino é o mesmo para todos.

Se você morar na Europa, pagará o mesmo valor dos alunos locais. Isso não vale para brasileiros com cidadania italiana, por exemplo, que moram no Brasil.

COMO FUNCIONAM AS BOLSAS DE ESTUDOS

Primeiro, vamos definir o que é bolsa de estudos. Bolsas de estudos são estímulos financeiros concedidos a estudantes. Elas podem ser em forma de desconto parcial ou total da anuidade, e também podem ser na forma de uma ajuda de custo. Existem várias instituições, que, para fomentar a diversidade nos seus campi, oferecem descontos para estudantes de determinados países. Existem universidades bastante competitivas, que ofertam bolsas de estudos que cobrem todos os custos do estudante, entre eles, passagens, hospedagem, alimentação e até alguns gastos pessoais, desde que o estudante tenha passado em sua rigorosa seleção.

Então, para quem não tem recursos disponíveis para se manter no exterior e ainda assim tem um desempenho escolar bastante acima da média, ainda há chances de estudar no exterior, desde que você esteja disponível para gastar o valor do processo seletivo e aguardar um resultado favorável. E, caso seja uma bolsa parcial, busque levantar os recursos para os custos que não serão cobertos pela bolsa com muita resiliência e criatividade.

TIPOS DE BOLSAS E ONDE PESQUISAR

Bolsa das próprias universidades: Quando a própria universidade dispõe de recursos para financiar as bolsas de estudos. Algumas oferecem descontos para nacionalidades específicas, visando aumentar a diversidade em seus campi.

Bolsa governamentais: Podem ser bolsas do governo brasileiro ou do governo do país em que você deseja estudar. Fique de olho no site dos consulados e das embaixadas, pois essas oportunidades são divulgadas lá. Exemplos brasileiros: Capes, CNPq, Fapesp.

Bolsa de associações: São bolsas de associações específicas, que visam estimular a troca de conhecimento entre alguns países. Os cursos dessas bolsas geralmente estão ligados à área de atuação dessas associações. É o caso da Associação Brasileira de Estudos Irlandeses, que oferece uma bolsa anual para mestrado na Irlanda na área de linguagem e artes.

Bolsa de empresas: Verifique se na empresa em que você trabalha há incentivos para estudar fora — pode ser uma ajuda de custo, um afastamento sem remuneração, mas que garanta sua vaga no retorno ao Brasil.

Existem também empresas com programas globais, para os quais qualquer pessoa pode aplicar, ou seja, não são exclusivas para funcionários. É o caso das Bolsas Santander, com muitas oportunidades em todos os graus: graduação, mestrado, doutorado e até cursos de curta duração.

→ Características dos Estados Unidos

Nos *Community Colleges*, salvo em raros casos de descontos, não há bolsas para estudantes internacionais.

O mesmo vale para as universidades estaduais, que também não oferecem bolsas para estudantes internacionais na graduação, salvo poucas exceções, sendo as mais acessíveis as que oferecem como bolsa de estudos o desconto da taxa out-of-state (nesse caso, o estudante vai pagar o mesmo que um morador do estado).

Já nas universities e Colleges privados, há muito mais ofertas de bolsas para estudantes internacionais. Elas buscam atrair os alunos mais brilhantes e aumentar a diversidade dos seus campi. A competição por vagas e bolsas é alta.

Nos EUA, existem os endowments, que são grandes fundos de investimento ligados às universidades, que financiam os estudantes locais, e o estudante estrangeiro também pode tentar um pedido de suporte financeiro.

O Estado da Flórida, por exemplo, oferta descontos para alunos da América Latina.

→ Características do Canadá

No Canadá, as instituições já são fortemente subsidiadas pelos governos por conta das necessidades regionais e locais de desenvolvimento. Por exemplo, se o governo precisa de uma pesquisa sobre infraestrutura, investirá nas universidades para que ela seja realizada, e isso gera muitas bolsas para mestrado e, especialmente, para doutorado. Como o investimento público é bem distribuído nas universidades, elas acabam tendo anuidades mais baixas, se comparadas aos Estados Unidos, além do câmbio também ser menor.

→ Características de Portugal

Portugal faz parte da Comunidade de Países de Língua Portuguesa (CPLP)[3], e, por isso, algumas universidades oferecem valores especiais para brasileiros. É importante pensar na localização da universidade, pois existem aquelas em cidades pequenas, com estilo de vida mais interiorano, ou seja, pense em como será sua adaptação para não se frustrar depois.

Brasileiros com dupla cidadania (brasileira-portuguesa), que desejem pagar as taxas locais, não poderão fazer a inscrição usando a nota do ENEM. Nesse caso, você precisará viajar para Portugal e fazer presencialmente o exame nacional português (equivalente ao ENEM).

Portugal é um país com bom custo-benefício quando comparamos com algumas faculdades particulares do Brasil. Uma graduação pode sair anualmente por valores entre 1.500 euros até 10 mil euros. Dependendo de como estiver o câmbio, o valor do curso pode ser mais acessível ou próximo do custo no Brasil.

É claro que você deve adicionar os custos de moradia, transporte e alimentação, que talvez no Brasil você economize se morar com seus pais.

OUTRAS FORMAS DE FINANCIAMENTO

Financiamentos: Muitos estudantes optam pelo financiamento bancário do curso. No Brasil, pode-se solicitar o empréstimo de recursos em bancos públicos ou privados. Caso queira tentar um financiamento no exterior, geralmente é apenas por meio de instituições privadas.

Vaquinha online: Agora, a já conhecida vaquinha ficou digital. É comum ver nas plataformas voltadas para financiamentos coletivos estudantes solicitando ajuda para estudarem fora. Muitos foram aceitos em programas bem concorridos e até ganharam bolsas, mas precisarão de ajuda financeira para se manterem durante o curso. Se você for aceito em um programa no exterior e estiver nessa situação, perca a vergonha e crie sua vaquinha. Apoiar o sonho de quem quer estudar é uma causa que pode engajar muita gente.

Lembre-se de que um estudante com talento e bom currículo será sempre mais disputado pelas bolsas e universidades. Isso é ainda mais relevante no caso de pós-graduação, porque o que conta é a produção acadêmica.

Vamos agora para a parte final deste capítulo: esclareceremos algumas dúvidas frequentes sobre o processo de admissão nas universidades internacionais.

PROCESSO DE ADMISSÃO, DOCUMENTOS E VISTOS

Vamos reforçar que uma boa candidatura é mostrar sua aderência ao curso e filosofia/propósito da instituição de ensino e mostrar também o que você agregará com suas competências e habilidades.

Uma dúvida comum é se é preciso fazer o processo no país estrangeiro. Na maioria dos casos, não é necessário, com exceção de cursos muito específicos, que têm provas presenciais, e, no caso de brasileiros com dupla cidadania portuguesa, os que queiram pagar as taxas locais, como explicamos anteriormente.

Também não é necessário conhecer ninguém no país, nem ter alguém conhecido para hospedá-lo. Falaremos mais adiante sobre as exigências do visto que incluem esses temas.

Para entender o processo de admissão, é importante entender a estrutura das instituições de ensino. Elas se dividem geralmente em três departamentos:

- ☑ **Recrutamento:** Responsáveis por recrutar estudantes interessados na universidade, muitas têm representantes que viajam o mundo participando de feiras de intercâmbio e dão palestras em escolas de Ensino Médio e universidades, ou seja, fazem todo o marketing internacional para atrair os estudantes do mundo todo.
- ☑ **Admissão:** Responsáveis pela análise e aprovação das candidaturas.
- ☑ **Student e scholar:** Responsáveis pelo atendimento ao aluno após a aprovação. Algumas universidades pedem, por exemplo, que o aluno se apresente na primeira semana de aulas e, dessa forma, elas avisarão à imigração que você chegou e já começou a estudar. Elas são responsáveis pela recepção e pela integração dos novos alunos por meio de eventos, conexão com veteranos etc. Após você receber a carta de aceite, esse é o departamento que envia geralmente por e-mail o

chamado pacote de admissões, com todas as orientações do que é necessário fazer até o seu embarque e de como serão seus primeiros dias de aula.

■ COMO FAZER O PRIMEIRO CONTATO COM A UNIVERSIDADE

1 Entenda se a sua dúvida é administrativa ou acadêmica. Exemplo: será que o curso ensina conteúdo X com livro Y? Ou, se é uma dúvida que não está no site ou está, mas que você não entendeu. Então, você deverá falar com o departamento de admissões. Seja cortês nos e-mails, trate por Sr./Sra. (Ms. e Mrs.) e o sobrenome da pessoa. Faça isso independentemente, inclusive, de já ter encontrado a pessoa pessoalmente. Se a pessoa em questão tiver um título de doutor, é importante respeitar a hierarquia acadêmica nos e-mails e escrever, por exemplo: Ms. D. Alicia. Até que a pessoa responda no primeiro nome, você deve tratá-la sempre pelo sobrenome.

2 Como a maioria das informações está no site, se você não for específico na sua pergunta, receberá um link do site como resposta. Portanto, mostre que você leu e pontue exatamente o que não entendeu ou não encontrou.

3 Um jeito legal de criar um primeiro contato é escrever pedindo mais informações e explicar que está interessado no curso. Você pode perguntar, por exemplo, se a universidade estará presente em feiras na sua cidade, se há representantes que atendem a estudantes brasileiros, pedir materiais impressos e digitais do departamento do curso, da universidade, qual é a relação de alunos por professor (ex.: 15 alunos para cada professor ou 70 alunos para cada professor pode influenciar sua escolha por essa universidade), se o curso tem estágio obrigatório, se tem visita a empresas, se é mais teórico ou prático. Em caso de dúvidas sobre documentos, também seja bem específico. Perguntar, também, se há materiais extras, além das informações do site, é um tipo de abordagem positiva.

4 Nesses materiais e no site, costumam constar os requisitos de candidatura, por isso, leia tudo para se certificar de não fazer perguntas sobre informações já disponíveis.

Manter uma comunicação adequada com todos esses departamentos ao longo do processo é muito importante, pois você precisa deles para, por exemplo, confirmar pagamentos e pedir orientações de visto. Quanto maior for a universidade, maior será a equipe em cada departamento, mas lembre que são muitas as solicitações que eles recebem, por isso, tenha paciência para esperar a resposta, que pode não chegar em 24 horas.

Antes de enviar qualquer e-mail para a universidade, sempre consulte no site as informações para os estudantes internacionais, que até podem ser iguais àquelas para os estudantes locais, assim como pode ser que sejam necessários documentos específicos.

TIPOS DE ADMISSÃO

Quando falamos que você deve começar a se preparar com pelo menos um a dois anos de antecedência, é porque isso também pode influenciar a quantidade de cursos disponíveis e até sua garantia da vaga.

Assim como já falamos em outros tópicos, não existe uma padronização de admissão: cada país e instituição de ensino têm a sua. O que vamos explicar a seguir são os pontos principais, muitos deles comuns a vários países.

No caso da graduação, há países em que a forma de admissão é a mesma para todos os interessados, independentemente da nacionalidade. Há outros países em que há formas especiais de acesso para estudantes internacionais.

Em algumas situações, os estudantes estrangeiros podem ser admitidos na universidade após um curso preparatório, como no caso da Inglaterra e da Alemanha, que exigem que se curse um ano de estudos preparatórios

CONTEÚDO EXTRA!
Veja no canal do YouTube "Viajar pra Estudar" mais conteúdos sobre bolsas de estudos, onde encontrar, como se candidatar e muito mais.

INTERCÂMBIOS NO ENSINO SUPERIOR **125**

para acesso às universidades, os chamados *Foundation Year*, ou *Studien-kolleg*. No Canadá, EUA e Austrália, há cursos chamados de *Pathway*, ou *Bridge Programs:* esses cursos permitem que o estudante receba admissão condicional a uma universidade enquanto cursa inglês como segunda língua e disciplinas que contarão créditos para se formar. Em Portugal, algumas universidades oferecem esse tipo de curso sob o nome de ano zero ou ano pré-universitário.

Há países que oferecem também a possibilidade de o estudante ingressar na universidade local após cursar um ano de universidade no seu país de origem, caso da França (varia por curso), Inglaterra e Alemanha. Ou seja, você precisa entrar na universidade no Brasil e iniciar o curso e, no decorrer do primeiro ano, fazer a candidatura para universidades nesses países, enviando seu histórico escolar da graduação. Mas, atenção, não necessariamente os créditos que você obteve até aqui no Brasil contarão para diminuir seu tempo de graduação no exterior.

Em Portugal, mais de 40 universidades e institutos de educação superior têm parceria com o INEP (Instituto Nacional de Educação e Pesquisa) e aceitam o ENEM para admissão de brasileiros. Há certas exceções; porém, estudantes que querem cursar medicina ou estudantes que não querem fazer o ENEM deverão passar pelas mesmas provas de acesso à universidade que os portugueses.

O ENEM pode ser solicitado como um dos itens a ser avaliado em universidades da França, EUA, Inglaterra, e a lista só cresce. Quando você não faz o ENEM, ainda pode tentar a admissão apresentando outras documentações ou por meio de provas de seleção.

Diplomas de escolas internacionais, como International Baccalaurate, Baccalaurate, Abitur, são aceitos para admissão em muitas universidades da América do Norte e Europa.

Há dois tipos mais comuns de processos de admissão:

> **First come, first served:** Em tradução livre, significa "os primeiros que chegam, são os primeiros atendidos". Esse tipo de processo é muito comum nos Colleges públicos do Canadá. Vamos supor que uma universidade tenha 50 vagas para o curso de marketing, isso significa que os primeiros 50 candidatos que entregarem a documentação completa e estiverem dentro dos requisitos garantirão a vaga. Quem chegar depois, entrará em uma lista de espera.

INTERCÂMBIO PARA TODOS

> **Avaliação de todas as candidaturas juntas:** Outras universidades abrem um período de inscrições e recebem a documentação de todos os interessados. Então, encerram as inscrições e analisam cada candidato para definir os aprovados. Esse tipo de processo é uma seleção holística (nada a ver com esoterismo aqui, ok?), pois analisa o perfil do candidato como um todo, levando em conta experiências, atributos e métricas acadêmicas, bem como o valor que ele levará para a aprendizagem, prática e ensino da instituição. Nessa análise de perfil, entram redações chamadas de *essays*, cartas de recomendação de professores e diretores do colégio em que estudou no Ensino Médio, bem como análise de notas dos três ou quatro últimos anos do Ensino Médio e o envio de currículo ou lista de atividades extracurriculares do candidato. É um método muito utilizado por universidades nos EUA, Canadá e Inglaterra.

Países como Espanha e Itália adotam duas fases de admissão, com provas ou equivalência acadêmica e validação governamental do diploma de Ensino Médio brasileiro.

Em Portugal, existe uma reserva de vagas para brasileiros por curso, ou seja, é uma espécie de cota para garantir mais diversidade e cumprir os convênios estabelecidos. Já para cursos de pós-graduação, não existe essa reserva de vagas, devendo o candidato seguir o processo normal.

Quando estiver pesquisando, procure entender qual é o tipo de admissão das universidades em que você está interessado.

DOCUMENTAÇÃO

Os documentos necessários para a candidatura para a graduação e a pós variam muito, assim como variam por país, mas, para você ter uma ideia, de maneira geral, os documentos abaixo podem fazer parte do processo:

- ☑ Carta de motivação/intenção.
- ☑ Carta de recomendação.
- ☑ Histórico escolar.
- ☑ Entrevista.

- ☑ Provas específicas.
- ☑ Comprovante de proficiência no idioma.

Algumas universidades no Canadá e na Europa podem aceitar o comprovante de que você foi aprovado em uma universidade no Brasil. Isso pode valer mais um ponto para o processo, mas claro que eles saberão se foi um vestibular concorrido ou não, ou seja, só use essa estratégia se você realmente se destacou.

Uma diferença nas inscrições de mestrado no exterior e no Brasil é que lá fora geralmente não é necessário apresentar um projeto de pesquisa. A admissão considerará apenas os demais documentos, como carta de intenção, currículo, análise de histórico escolar e, às vezes, haverá entrevista.

O QUE SÃO AS PROVAS ESPECÍFICAS

Nos EUA, há dois tipos de provas que podem ser solicitadas para dar mais contexto nas seleções holísticas. Embora sejam testes mais pedidos nos Estados Unidos, se você quiser e puder fazer, poderá incluir na sua documentação como algo extra nas inscrições, mesmo que não seja uma exigência das universidades. São testes aceitos no Canadá e na Europa e podem ajudar a diferenciar sua candidatura. Essas provas hoje podem ser feitas em algumas localidades no Brasil mediante o pagamento de uma taxa, e você encontra livros e material de estudo com bastante facilidade na internet.

SAT (Scholastic Aptitude Test) e o ACT (American College Test): Essas provas servem como um critério padronizado

FIQUE LIGADO!

Testes de proficiência mais aceitos no mundo

Inglês:
TOEFL, IELTS, Michigan, Duolingo, CAE, CPE.

Francês:
DELF, DALF, TCF e TEF.

Alemão:
Certificado Goethe, DAF e DSH.

Espanhol:
DELE e SIELE.

Italiano:
CILS e CELI.

para que as universidades possam avaliar bem o nível de conhecimento dos candidatos.

GMAT (Graduate Management Admission Test): É mais utilizado em processos de admissões de MBA e avalia habilidades analíticas, lógicas, de compreensão de textos e dados, e de resolução de problemas.

GRE (Graduate Record Examination): Utilizado em processos de admissões de mestrados e doutorados, avalia habilidades semelhantes às avaliadas no GMAT.

VISTO E PERMISSÃO DE TRABALHO

Após ser aceito no curso, a universidade envia uma carta em papel oficial informando a aprovação do candidato e orientando os próximos passos. A partir daí, começa a etapa de requerimento de visto.

Quando receber os documentos da universidade, você deverá checar sempre no site dos consulados as exigências de documentação. Uma delas será essa carta, mas haverá outras, como comprovações financeiras para custear os estudos fora. No caso de quem receberá bolsas, a universidade sinalizará essa informação na carta de aceite, ou seja, o consulado saberá exatamente quanto você pagará pelo curso. Alguns consulados podem exigir comprovação de reserva de acomodação de no mínimo três meses para a chegada no país.

O tipo de visto (nome do visto) também será definido nessa etapa, pois dependerá da carga horária, da duração do curso, do tipo de curso, tudo isso influenciará o tipo de visto que você deverá requerer.

Embora seja comum que estudantes de ensino superior recebam permissão para trabalhar durante o curso, se você tem esse interesse ou necessidade, confirme sempre as regras de trabalho atreladas a seu visto. Por exemplo: limite de carga horária semanal de trabalho e eventuais aprovações da instituição de ensino.

Na Europa, você pode fazer cursos de menos de três meses de duração sem necessidade de visto, mas não terá permissão de trabalho.

Tenha em mente que a etapa do visto é o final do processo, e não o começo, nem o meio. Não dá para ir adiantando o visto, pois é a relação com a instituição de ensino que justificará o seu pedido.

Vamos caminhando para o final deste capítulo e esperamos que você se sinta muito mais apto a escolher um curso para estudar fora. Mas, antes, ainda temos algumas dicas finais.

> ■ **Quantas variantes, não é mesmo?! Para ajudá-lo a memorizar tudo o que explicamos, é só seguir esse passo a passo no seu planejamento. Você encontrará esse documento para download no site do livro.**

Passo a passo

Nome:

1) Cursos em que tenho interesse:

2) Universidades em que tenho interesse:

3) Ler todas as informações do site destinadas a alunos internacionais.

4) Perfil de admissão:
( ) Fisrt come, first served ( ) Holística

5) Oferece bolsas? ( ) Sim ( ) Não
Se sim, em quais tipos você se encaixa:

6) Anotar todos os pré-requisitos, documentos e prazos.

7) Entrar em contato com a universidade somente se necessário. Ser bem específico nesse contato.

8) Com base nas informações, criar um plano de preparo para a candidatura.

ERROS COMUNS PARA EVITAR NO SEU PLANO DE PREPARAÇÃO

Às vezes, a diferença entre quem ganha uma bolsa ou garante uma vaga e quem não consegue é ter a informação na hora certa. Confira a seguir os erros mais comuns a serem evitados:

> Não ter uma rotina de monitoramento das informações nos sites das universidades.

> Não ter uma rotina de preparação para fazer as inscrições gera perda dos prazos.

> Não ter foco, fazer tudo ao mesmo tempo e para muitos cursos e universidades de diferentes perfis.

> Não ter um plano de estudos com metodologia para alcançar o nível do idioma necessário. Aqui, é importante checar sempre a sua evolução. Estou melhorando ou estou empacado?

> Não se preparar adequadamente com a parte financeira. Pensar: "Só vou estudar se tiver bolsa", é desperdiçar oportunidades. Ter uma reserva financeira para esse sonho é contar com liberdade de escolha.

> Pressa. Querer acordar e decidir fazer tudo em uma semana. Querer viajar a qualquer custo. Às vezes, o *timing* pode ser ruim: pode ter ou não ter bolsa nessa época ou muitos cursos já terem fechado a candidatura.

INTERCÂMBIOS NO ENSINO SUPERIOR   131

INSPIRE-SE!

Conheça a história de Alexandre Reibaldi, que fez mestrado na Itália.

Reibaldi tem uma história peculiar, pois acabou fazendo seu mestrado por oportunidade, ou seja, ele foi para a Itália fazer um curso de curta duração e acabou ficando por dois anos.

 "Eu viajei para Roma para fazer um curso de curta duração no IED (Istituto Europeo di Design), mas, quando cheguei, decidi me candidatar para a prova do mestrado e deu certo!"

Ele reconhece que teve sorte de chegar à Itália e ter encontrado as inscrições para o mestrado abertas. Sobre o processo de candidatura e provas, ele lembra:

 "Como minha formação era de direção de arte, precisei apresentar um portfólio e participar de uma entrevista com os coordenadores do curso, além disso, fiz uma prova com questões técnicas e psicológicas, para determinar o meu perfil."

Como Reibaldi já sabia que iria para a Itália, estudou italiano por um ano e meio antes da viagem. Ele explica:

 "Fiz um curso no Instituto Italiano di Cultura Dante Alighieri, órgão do governo italiano para disseminar a cultura italiana pelo mundo."

Ainda assim, mesmo se preparando, teve desafios com a língua no início:

 "Chegando a Roma, descobri que o italiano da aula era uma coisa completamente diferente daquele que vivenciei na cidade eterna, e, pior, quando os romanos falam entre eles, falam em dialeto romanesco, ou romanaccio, então tive que me adaptar."

▷

Perguntado sobre como se preparou financeiramente, ele explica:

"Comecei a trabalhar com 15 anos e sempre fui de economizar. Tive uma ajuda extra na época, porque ganhei uma bolsa de estudos dada por uma grande empresa de varejo de tecnologia por ter vencido um concurso internacional de design. O valor hoje atualizado seria algo em torno de 50 mil reais. Também vendi meu carro, juntei verbas rescisórias do trabalho e peguei o avião."

Alexandre faz uma avaliação muito positiva da experiência:

"Na minha profissão, como publicitário, acredito que me serviram os ensinamentos e as experiências. Já como professor universitário, ajudou-me a conseguir turmas em uma ótima universidade de São Paulo."

Reibaldi lembra ainda as dificuldades no reconhecimento do diploma ao retornar da viagem, e um tempo depois teve que fazer outro mestrado no Brasil:

"Tive problemas em 2012, quando o MEC começou a exigir o título de mestrado para dar aulas e não aceitou o meu diploma, pois, como vem em inglês, no meu caso um MCA (Master in Communications and Arts), eles equipararam a um MBA e não a um mestrado, então acabei fazendo um segundo mestrado no Brasil."

Como impacto da experiência na vida pessoal, ele diz:

"Foi superpositivo, mudou minha maneira de ver o mundo, seja pelo curso, seja pela experiência, até hoje sou fascinado por viajar e tenho na Itália meu segundo país."

E completa:

"Se tiver a possibilidade de estudar fora, vá. É muito diferente de uma viagem de turismo, e, se você se propuser a sair da sua bolha, é ainda melhor, pois vai conhecer o povo do local, entender diferenças, fazer amizades e criar laços."

Chegamos ao final deste capítulo com essa história inspiradora do Alexandre Reibaldi, que nos permite também resumir alguns pontos importantes que conversamos até aqui.

Reibaldi arriscou viajar com um objetivo e resolveu mudá-lo no meio do caminho. Para que isso desse certo, ele já viajou com previsões financeiras maiores do que necessitaria para o curso de curta duração.

Outro ponto foi chegar ao instituto e encontrar as inscrições para a candidatura do mestrado abertas. Além disso, ele tinha o portfólio profissional pronto, o domínio do idioma e escolheu um instituto voltado para comunicação, artes e design, que era exatamente o seu perfil pessoal e profissional. Dessa forma, a reunião desses fatores foi o que ajudou sua aprovação no processo de seleção.

Por último, como explicamos neste capítulo, a questão do reconhecimento do diploma é, como mostrou a experiência de Reibaldi, um processo burocrático e cujos resultados podem não ser o que a pessoa esperava. Por isso, é importante fazer todas as pesquisas que orientamos previamente.

No próximo capítulo, vamos falar dos intercâmbios que permitem que o aluno trabalhe. Já falamos brevemente aqui, mas vamos mostrar mais opções para quem deseja estudar outros cursos que não sejam de graduação e pós, e também de durações menores. Siga com a gente.

É MITO

Apenas quem só tira 10 e estuda em escolas renomadas tem chances de ser admitido em uma universidade no exterior?

Definitivamente, não. A graduação no exterior é possível para a maioria dos estudantes que tenham um desempenho satisfatório se considerarmos apenas a admissão na universidade. Em muitas universidades, a barreira de entrada é baixa, e elas dão condições para que os estudantes se desenvolvam adequadamente durante o curso superior. Em muitos casos, a maior barreira é financeira ou a falta de proficiência no idioma.

INTERCÂMBIOS COM PERMISSÃO DE TRABALHO
06

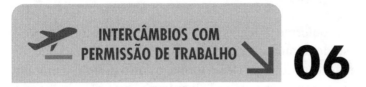

INTERCÂMBIOS COM PERMISSÃO DE TRABALHO
06

rabalhar em outro país deixa a experiência cultural ainda mais completa e ajuda muito no desenvolvimento do idioma.

Esses intercâmbios têm algumas opções diferentes de programas:

> Estudar um curso de idioma ou um curso técnico por um tempo específico e ganhar a permissão legal de trabalho. Esses programas são flexíveis com relação à idade e não exigem vínculo universitário no Brasil, ou seja, a pessoa pode viajar depois de formado.

> Programa de trabalho de curta duração nas férias. Esses programas têm diversos requisitos de idade mínima e máxima, muitos só aceitam pessoas com vínculo universitário, ou seja, ainda estão cursando a graduação.

> Programas de *Au Pair* em diversos países, é quando se trabalha para uma família cuidando das crianças e recebendo em troca moradia, alimentação, bolsa de estudos e um salário semanal. As regras de participação mudam de país para país.

> Estudar um curso superior de média ou longa duração. Esse tópico não será aprofundado neste capítulo, pois já foi abordado no Capítulo 5.

ESTUDAR UM CURSO DE IDIOMA OU UM CURSO TÉCNICO

Nesses programas, conforme as regras do país escolhido, o estudante pode escolher um curso de idioma ou um curso técnico profissionalizante, de acordo com o seu nível de idioma. Dessa forma, o curso permitirá tirar um visto de estudo com permissão para trabalhar legalmente. O trabalho não está garantido, e, chegando ao destino, o aluno procurará um emprego da mesma forma que faz no Brasil: pela internet em sites específicos ou via LinkedIn, com o bom e velho método de entregar currículo presencialmente e ativando sua rede de contatos.

O tipo de trabalho que se consegue também depende de muitas variáveis, como: experiência anterior, formação (sim, sua formação será importante lá fora), mas o principal mesmo é o nível do idioma. Pelo fato de a maior parte dos estudantes ter inglês intermediário, eles geralmente acabam trabalhando no setor de comércio e serviços, como restaurantes, shoppings, hotéis, lojas de rua e entregas.

Para morar no exterior, é importante eliminar uma palavra e um preconceito do vocabulário: subemprego. Amigos leitores, não existe subemprego, todo trabalho honesto é digno, o que existe são empregos mais operacionais, mais simples, em que não precisa ser alguém muito qualificado ou experiente para realizá-lo.

O intercambista pode conseguir trabalho em uma agência de publicidade, em uma escola de inglês, pode conseguir trabalhar de segunda a sexta em uma realidade mais próxima da que vivia no Brasil, mas vai depender muito do quanto domina o idioma e da sua experiência profissional. Nesse contexto, o mais comum é começar pelos trabalhos mais operacionais e aos poucos ir galgando espaço, melhorando o idioma, conseguindo cartas de recomendação e mudando de emprego até conseguir entrar na sua área. Claro que em um intercâmbio de 6 meses isso é mais desafiador, mas, para quem quer ficar mais tempo ou até mesmo imigrar, é totalmente possível.

Vivianne Sandes é um desses exemplos. Ela foi para a Irlanda com certa dificuldade até com o verbo "to be", hoje, depois de cinco anos, trabalha na sua área, de design de interiores. Como começou? Limpando mesas de um restaurante no aeroporto. O importante para quem está pes-

INTERCÂMBIOS COM PERMISSÃO DE TRABALHO 137

quisando programas de estudo com trabalho é entender a realidade dos intercambistas que já moram no destino para não criar expectativas em relação ao tipo de trabalho e não sentir frustração posteriormente.

Atualmente, há apenas sete países que permitem aos intercambistas estudarem e trabalharem legalmente, são eles: Canadá, Irlanda, Malta, Espanha, Emirados Árabes, Austrália e Nova Zelândia. Os cursos elegíveis a esse programa de intercâmbio são os de idioma ou os cursos profissionalizantes. Para o curso de idioma, são aceitos todos os níveis de conhecimento, do básico ao avançado, enquanto para os cursos profissionalizantes, é necessário fazer uma prova para comprovar o nível de proficiência na língua.

A carga horária de trabalho permitida é de 20 horas por semana, que serão distribuídas conforme a necessidade do empregador. A maioria dos estudantes trabalha por escala, alguns preferem a escala da madrugada, outros, do final de semana, outros trabalham 3 dias e folgam 2, você pode trabalhar 4 horas por dia durante 5 dias ou trabalhar 10 horas por dia em dois dias, tudo vai depender do trabalho que conseguir, seus horários de estudo na escola e a negociação com o empregador.

Confira agora a duração dos programas de estudo com trabalho permitida em cada país.

→ Austrália e Nova Zelândia

Tipos de curso elegível: Idioma, profissionalizante.

Tempo de curso elegível

Permitem aos intercambistas estudar e trabalhar se estiverem matriculados em cursos de no mínimo 14 semanas, ou seja, a partir da compra de um curso de 3 meses e meio, você já pode trabalhar legalmente nesses países.

Como é o pedido do visto

O visto nesses casos é solicitado do Brasil, por isso, ao chegar no país, o trabalho é permitido desde o primeiro dia. Não é que você só poderá trabalhar a partir da 14ª semana, o que o país exige é a compra de um curso de pelo menos 14 semanas.

É óbvio, mas não custa reforçar, qualquer curso com menos de 14 semanas não dará permissão de trabalho.

O visto é sempre concedido pelo período do curso. Ao acabá-lo, é necessário comprar outro curso para renovar o visto. A aprovação do visto sempre depende da análise do consulado, e, na maioria dos casos, o estudante não precisa retornar ao Brasil para fazer a renovação. É importante levar em conta que o tempo de análise de cada visto varia, e o ideal é solicitá-lo com pelo menos 60 a 90 dias de antecedência.

→ Canadá

Tipo de curso elegível: Profissionalizante.

O Canadá mudou as regras há alguns anos, e agora apenas estudantes de cursos profissionalizantes e universitários podem estudar e trabalhar legalmente no país. Mas, se por um lado o país fez uma restrição, retirando dos estudantes de cursos de idiomas esse benefício, por outro, ele oferece algo que nenhum outro país tem para esse tipo de curso: o chamado CO-OP.

Os cursos profissionalizantes no Canadá são oferecidos por faculdades privadas, e são atrativos pois são mais baratos e exigem um nível de inglês menor. O teste é feito no Brasil, geralmente uma prova online e uma ligação por Skype feita pela escola ao candidato são suficientes para atestar se o intercambista conseguirá acompanhar o curso.

Tempo de curso elegível: A partir de 24 semanas.

Como funciona o CO-OP

O CO-OP é uma modalidade de ensino profissionalizante em que o trabalho faz parte da estrutura curricular, o aluno aprende tanto em sala de aula quanto no ambiente de trabalho. A duração total do programa já é preestabelecida pela carga horária, sendo 50% em sala de aula e 50% trabalhando.

Exemplo: Ao comprar um curso profissionalizante de 48 semanas com CO-OP, as primeiras 24 semanas serão dedicadas ao estudo e trabalho — com limite de 20 horas semanais permitidas por lei —, e as outras 24 semanas serão apenas de trabalho, dobrando a permissão de horas para 40 semanais. Isso porque o trabalho faz parte do currículo desse tipo de curso.

Como é o pedido do visto

O visto para esse tipo de curso também é solicitado do Brasil, por isso, ao chegar ao Canadá, é possível trabalhar desde o primeiro dia. O prazo para análise da documentação pelo consulado é de em média 12 semanas, por isso a aplicação do visto deve ser feita com pelo menos 4 meses de antecedência.

→ Irlanda

Tipo de curso elegível: Idioma.

A Irlanda é um destino que tem como principal atrativo sua localização na Europa e a facilidade de viagens para outros países do continente. Além disso, o processo de visto e da comprovação financeira é um dos mais simples. O resultado é ter se tornado um dos principais destinos para intercambistas brasileiros.

Atualmente, o governo concede o visto de estudante com permissão de trabalho de 20 horas semanais para todo intercambista matriculado em um curso de inglês de no mínimo 25 semanas e exige para todo o período a comprovação de 3 mil euros. O governo concede mais 2 meses de férias para o estudante trabalhar 40 horas semanais nos meses de verão e entre 15 de dezembro e 15 de janeiro, períodos de alta temporada. Ou seja, o total do intercâmbio na Irlanda é de 33 semanas, ou cerca de 8 meses.

O visto de estudante é concedido após a chegada do estudante na Irlanda. A escola orientará e fornecerá os documentos necessários para apresentação no dia da entrevista. Cabe ao aluno organizar esses papéis, junto com a comprovação financeira pessoal.

Embora o governo exija apenas os 3 mil euros, o recomendado é levar entre 4 mil e 4.500 euros. A maior dificuldade dos estudantes é encontrar moradia. A Irlanda é um país pequeno, e o efeito Airbnb já chegou por lá também. Se você nunca ouviu falar do efeito Airbnb, explicamos: é quando os proprietários de imóveis acham mais vantajosos aluguéis por temporada do que aluguéis fixos de longo prazo. Por isso, a concorrência é grande entre os intercambistas, que encontram a solução dividindo casas e apartamentos. Alguns chegam a ter 12 pessoas morando juntas. Se você quer um cantinho só para você, recomendamos que leve mais de 3 mil euros.

A localização se torna um atrativo para viagens pela Europa. Há diversas companhias aéreas *low-cost* (de baixo-custo), como a Ryanair, por meio das quais é possível comprar passagens para Inglaterra, França, Espanha, Alemanha e muitos outros países por tão pouco quanto 5 euros, as mais caras chegam a custar 50 euros.

> *Beatriz Camargo escolheu a Irlanda para fazer o seu intercâmbio. Ela morou por dois meses em casas de família e depois dividiu apartamento com algumas amigas. Segundo ela, o que torna a Irlanda especial são as pessoas. Os Irlandeses são alegres e receptivos, e isso fez com que ela se sentisse em casa.*

→ Espanha

Tipo de curso elegível: Idioma.

A Espanha é um país de cultura muito rica, cidades históricas, clima agradável e povo alegre. Não à toa, o destino entrou na lista dos intercambistas. O idioma espanhol atrai muitos brasileiros que buscam um destino diferente da América do Sul; além disso, a língua é uma das mais faladas no mundo.

O país permite que estudantes de cursos de idiomas trabalhem legalmente. As regras são um pouco mais rígidas, e o processo do visto de estudante é um pouco mais burocrático se comparado a outros países.

De maneira geral, exige-se que o estudante esteja matriculado em um curso de no mínimo 25 semanas e comprove o valor de 600 euros para cada mês de estadia. Após a matrícula, a escola oferece orientações de como tirar o visto, assim como recomendamos sempre ler as informações oficiais do consulado.

→ Malta

Tipo de curso elegível: Idioma.

Uma pequena ilha no sul da Itália, mais precisamente ao sul da Sicília, tem atraído intercambistas pelo seu baixo custo e paisagens de tirar o fôlego. Essa pequena ilha é um país independente, cujos idiomas oficiais são o maltês e o inglês.

Malta é rica em cultura, tem uma agitada vida noturna e muitas escolas de inglês. É o destino ideal para quem quer unir estudo e lazer.

O governo de Malta permite que intercambistas trabalharem, porém, o processo não é tão simples como na Irlanda. Você pode ficar no país por até um ano, mas só pode trabalhar a partir do quarto mês. Funciona assim: como brasileiro, você não precisa de visto por até 3 meses, então é só comprar um curso. Chegando ao país, é possível solicitar um visto de estudante e comprar mais 3, 6 ou 9 meses de curso. Após o visto ser concedido, você precisa procurar um trabalho e pedir ao seu empregador que solicite a permissão de trabalho em seu nome junto ao órgão do governo. O custo do visto de estudante é de 106 euros e o da permissão de trabalho é de 230 euros. Consulte sempre os valores atualizados.

→ Emirados Árabes — Dubai

Tipos de curso elegível: Idioma e profissionalizante.

Já imaginou estudar inglês em uma cidade supermoderna, construída no meio do deserto, e poder trabalhar na cidade dos arranha-céus mais altos do mundo? Dubai realiza seu sonho.

Destino exótico e ainda não descoberto totalmente pelos brasileiros. Na cidade, as línguas faladas são o árabe e o inglês, mas, em todos os setores, da construção civil ao comércio e turismo, todos falam inglês. O árabe é mais falado entre os nascidos nos Emirados Árabes ou nos países vizinhos.

O destaque para o intercambista em Dubai fica por conta da facilidade do visto, em que não é exigida nenhuma comprovação financeira e o processo é feito todo pela escola de idiomas. Além disso, não há limitação de horas semanais que se podem trabalhar. Quer trabalhar 20, 30 ou 40 horas? É possível. A única recomendação importante é que faltar ao curso ocasiona a perda do visto. O período para ter permissão de trabalho é de 8 até 24 semanas.

As áreas ligadas ao turismo e a serviços são as que mais oferecem vagas.

Embora tenha muitas diferenças culturais, Dubai possui muitos estrangeiros, e por isso eles são relativamente flexíveis. As mulheres podem andar sozinhas, mas é recomendado não mostrarem os ombros. No período do Ramadã, eles só comem antes do nascer do Sol e após o pôr do Sol. Os estrangeiros devem respeitar esse costume não comendo nada em público nesse período. A única desvantagem de Dubai é o calor, que em alguns meses do ano chega a 45ºC na sombra.

AU PAIR

Esse tipo de intercâmbio de estudo e trabalho consiste em ir morar com uma família em outro país e prover cuidados para as crianças. O nome *Au Pair* é uma expressão francesa, livremente traduzida como "ao lado". A motivação das famílias que recebem e das pessoas que querem se tornar uma *Au Pair* é a troca cultural, uma vez que viver com outra família é a melhor imersão para entender como vive e pensa aquela cultura. O programa estimula que as intercambistas sejam vistas e acolhidas como membros da família.

Desde o lançamento do programa no Brasil pelas agências de intercâmbio, um dos requisitos para participar é ser mulher, solteira e sem filhos. Ainda hoje, o programa é predominantemente para mulheres, mas já há um movimento de famílias que aceitam homens como *Au Pairs*, assim como homens interessados no programa.

Eu, Carol, fiz esse programa nos Estados Unidos, conheci alguns *male Au Pair*, como são chamados os homens que vivem com as famílias e cuidam das crianças. O relato da experiência deles era superpositiva.

O requisito de ser mulher para participar do programa é algo que pensamos que pode ser debatido, uma vez que mulheres e homens podem prover cuidados a crianças com a mesma qualidade e responsabilidade.

O programa *Au Pair* existe em vários países; nos Estados Unidos, ele é regulado pela United States Information Agency (USIA), agência que controla e emite os vistos para todos os participantes.

No Brasil, a maior oferta de programas *Au Pair* é para os Estados Unidos, mas há agências e sites especializados que também oferecem o programa em alguns países da Europa.

Como o *Au Pair* é um programa de média ou longa duração, é muito importante escolher bem a agência ou empresa (site) que fará a intermediação do processo junto às famílias. O suporte durante o programa será fornecido pela empresa que você contratar, por isso, leia atentamente o contrato para não ter surpresas desagradáveis depois. Atualmente, Estados Unidos, Holanda e Suíça têm exigências legais de que o programa seja feito por agências autorizadas. Quando for escolher uma família, tire todas as dúvidas sobre quais serão suas atribuições, responsabilidades com cada criança, carga horária, uso do carro, entre outros pontos da rotina da casa; o ideal é viajar já sabendo todas essas informações.

O que chamamos de salário é, na verdade, uma ajuda de custo semanal que a *Au Pair* usará para as despesas pessoais.

A boa comunicação entre a *Au Pair* e a família é a chave para um programa de sucesso. Como em qualquer relação, se há algo que não vai bem, o melhor é se sentar e conversar. Claro, nem sempre é fácil, mas muitas dificuldades são consequência de uma falta de comunicação ou de mal entendimento, por questões do idioma ou culturais.

Mas, afinal, o que leva uma família a escolher uma desconhecida para morar na sua casa e cuidar de seus filhos? A troca cultural. As famílias que estão no programa querem que seus filhos tenham contato com outras culturas. Eu, Carol, posso dizer isso por experiência própria e por ter tido muitas amigas de diferentes países que desenvolveram uma relação com as famílias norte-americanas muito além do trabalho como *Au Pair*. Anos depois da experiência, é comum ex-*Au Pairs* serem convidadas para formaturas e casamentos de suas antigas crianças, assim como as famílias serem convidadas para o casamento das ex-*Au Pairs*. É um laço de amizade que muitas famílias e intercambistas levam para a vida. Por outro lado, há também as experiências, boas, porém, mais neutras em termos de afinidades com a família e em que o contato é perdido após o término do programa.

Além da ajuda de custo semanal, há um incentivo para as *Au Pairs* estudarem durante o programa. Nos Estados Unidos, esse é um valor anual fixo. A *Au Pair* poderá estudar o que tiver interesse, pode ser curso de idioma, curso de sua área de formação, curso de artes, gastronomia, pode ser curso presencial ou a distância. É só encontrar o curso que deseja e combinar os horários com a rotina da família, normalmente se estuda nas horas vagas, quando as crianças estão na escola ou à noite.

O primeiro passo para participar do programa é estar dentro dos pré-requisitos, que podem mudar de acordo com o país desejado, mas em geral são:

> Ser mulher, solteira e sem filhos.

> Ter entre 18 e 30 anos.

> Carteira de habilitação válida.

> Ensino Médio completo.

INTERCÂMBIO PARA TODOS

- ➢ Idioma intermediário.

- ➢ Comprovar um mínimo de horas de experiência com crianças nos últimos 3 a 5 anos. Como as famílias são exigentes, as candidatas apresentam em média mais de 800 horas de experiência, ou seja, se você entregar sua documentação com 200 horas, suas chances de achar uma família são bem menores. Por isso, algumas agências já exigem que as candidatas tenham entre 500 e 800 horas para participar, evitando, assim, um perfil pouco atrativo e frustrações futuras.

- ➢ Não ter doenças preexistentes nem estar em tratamento psicológico; para qualquer questão de saúde grave que necessite de acompanhamento médico, há chances de sua inscrição no programa não ser aceita.

Se você preenche todos os requisitos, ótimo! Mas não pense que só isso basta.

Entenda que o banco de dados que apresenta as candidatas às famílias é enorme, e, como o *Au Pair* se trata de um programa de trabalho, você concorrerá com outras meninas do mundo inteiro. Por isso, prepare sua documentação como um currículo, quanto mais horas de experiência, quanto mais tempo de CNH tiver e quanto melhor seu nível do idioma, mais você se destacará e receberá um número maior de contatos de famílias.

A comprovação das horas não precisa ser registrada em CLT, você poderá apresentar referências relatando o período em que cuidou de crianças, quais eram as suas responsabilidades, quantos dias por semana e quantas horas. Vale qualquer experiência com crianças: pode ser de babá, de festas infantis, acampamentos, trabalho voluntário em igrejas, qualquer experiência é válida, desde que você tenha uma pessoa que possa preencher o formulário e ser sua referência.

O processo de comprovação das experiências pode variar se você fechar com um site do exterior ou uma agência no Brasil. Com as agências, o processo é todo padronizado, e isso pode facilitar bastante sua inscrição.

CUSTOS DO PROGRAMA

Se compararmos o programa *Au Pair* com outros tipos de intercâmbio, ele será considerado o intercâmbio mais barato que existe. Lógico que é uma proposta também completamente diferente. Em linhas gerais, os custos para ser *Au Pair* são:

- ☑ Taxa de inscrição do programa, paga à agência no Brasil.
- ☑ Taxa do programa, paga à empresa estrangeira (site ou agência credenciada à agência brasileira).
- ☑ Custo do visto.
- ☑ Custo da PID (Permissão Internacional para Dirigir).
- ☑ Emissão do passaporte.
- ☑ Custos com passagem (varia conforme o país).

> **DICA**
> Caso você já seja formada em pedagogia, esse pode ser um diferencial. Há famílias que buscam um perfil como o seu para dar apoio às atividades de educação dos filhos. Busque se informar em sites e agências.

Apenas para exemplo, o custo total do programa *Au Pair* tradicional nos Estados Unidos não chega nem a R$5 mil somando todos os custos envolvidos.

Esse também não é um programa ao estilo comprei e já viajo no mês seguinte. A etapa mais demorada é o preenchimento de toda a documentação exigida, conversar e fechar com a família.

Como vocês podem ter notado, sou suspeita para falar desse programa, pois fui muito feliz na experiência que tive. Porém, sei também das dificuldades e que é um programa que exige muita vontade e maturidade de quem deseja embarcar nessa aventura.

Pense em todos os pontos que apresentamos e compare com os demais programas de intercâmbio disponíveis para entender se esse programa é para você também.

DEMI PAIR

O programa *Demi Pair* é um programa especial da Austrália de troca de cuidados com crianças de uma família por acomodação e refeições.

O *Demi Pair* vai ajudar a família hospedeira nas tarefas do lar e no cuidado de crianças durante 15 horas por semana, no máximo. Outra vantagem do *Demi Pair* é que não há restrição de sexo ou idade. Homens e mulheres maiores de 18 anos podem participar. Ainda assim é exigido do candidato:

- ☑ Nível intermediário de inglês.
- ☑ Visto de estudante.
- ☑ Ter experiência de trabalho com crianças.

O programa é de no mínimo 12 semanas, com possibilidade de renovação. O visto para o Demi Pair é o visto de estudante, e, para isso, o candidato deverá comprar no mínimo 14 semanas de curso, conforme regra do governo australiano. Assim, ele ainda terá a oportunidade de trabalhar até 20 horas aos finais de semana, uma vez que o trabalho na família não é remunerado e é apenas de segunda a sexta.

WORK AND TRAVEL

Esse é um tipo de intercâmbio que está se tornando cada vez mais conhecido entre os estudantes universitários. No programa *Work and Travel* é possível viajar para os Estados Unidos durante uma temporada preestabelecida e trabalhar durante as férias da faculdade.

Foi esse programa de intercâmbio que eu, Marina, fiz quando estava cursando a graduação e trabalhei nos parques da Disney World, em Orlando. No meu intercâmbio, tive a oportunidade de interagir com colegas de trabalho, outros estudantes internacionais e turistas do mundo todo por 3 meses trabalhando em atividades operacionais do parque e recebendo um salário por isso.

Combinar trabalho de temporada com um intercâmbio é possível para quem já tem um nível intermediário de domínio do idioma e quer se desafiar a dominar o inglês falado ou até escrito (a depender do seu tipo de trabalho) e tem disposição para trabalhar em período integral.

Esse intercâmbio, na maioria dos casos, é operacionalizado por agências de intercâmbio, mas há empresas que podem fazer a contratação direta, e, nesse caso, você só precisará acionar uma agência de intercâmbio para operacionalizar a autorização de visto — o visto J1 —, que é específico.

A maioria das empresas contratantes dos estudantes internacionais está ligada ao setor de lazer e turismo, por exemplo, resorts, estações de ski, parques de diversão, acampamentos e serviço similares. Como são programas de maior procura em relação à quantidade de vagas oferecidas, os empregadores fazem um processo seletivo eliminatório para avaliar principalmente domínio do idioma, qualificação e aptidão para as vagas e condições de saúde.

Como outros intercâmbios remunerados, nesse intercâmbio, o foco é o aprendizado e as experiências adquiridas ao longo da temporada de férias, o estudante receberá remuneração mínima por hora, estabelecida pelo estado em que trabalhará e, com isso, poderá arcar com as despesas pessoais e de hospedagem. Em outras palavras: não é um programa para juntar dinheiro e fazer um "pé de meia", é um programa que tem um custo de participação, como: processo seletivo, trâmites de visto, seguros, passagem aérea, suporte, entre outros. Na nossa experiência, a maioria dos intercambistas que conhecemos e fizeram Work and Travel conseguiu reaver o dinheiro investido na inscrição do programa com o que ganhou durante o trabalho nos Estados Unidos.

Eu, Marina, digo que esse intercâmbio se mostrou perfeito no momento em que fiz, pois, se não fosse um programa remunerado, eu não teria condições de arcar com valores de um programa de intercâmbio de idiomas na época. Além disso, sinto os benefícios até hoje em minha carreira, pois a exposição a outras culturas me ajudou a compreender melhor o mundo e também a me desenvolver no idioma falado, tanto inglês quanto espanhol, duas línguas que eu já estudava, mas não tinha com quem praticar no dia a dia. Se, entre todos os intercâmbios de que falamos neste livro, esse programa o encantou, vá fundo! Temos certeza de que você fará uma boa escolha.

TIPOS DE ACOMODAÇÃO PARA ESTUDANTES NO EXTERIOR

TIPOS DE ACOMODAÇÃO PARA ESTUDANTES NO EXTERIOR 07

utra decisão importante é a escolha da hospedagem, ou, como falamos no universo do intercâmbio, da acomodação.

Novamente, não existe regra, como uma acomodação perfeita ou um lugar unânime, que todos amariam se hospedar. Você deve avaliar o seu perfil de intercambista e viajante, uma vez que pode ser o seu primeiro intercâmbio, mas não a primeira viagem. Não importa se será sua primeira viagem internacional, todo mundo acaba criando certos hábitos de viagem, mesmo que seja para fazer um bate-volta na praia. Você sabe melhor do que ninguém se é do tipo que sempre prefere comer fora em vez de cozinhar. Se não liga de dividir quarto ou detesta. Se dorme cedo ou tarde. Se gosta de conversar com estranhos ou prefere sua privacidade. São esses detalhes, ou seja, conhecer a si mesmo, que o ajudarão a escolher uma acomodação.

O tipo e o tempo de curso escolhido também ajudarão a entender qual é o melhor tipo de acomodação. Vamos a alguns exemplos: um estudante que fará graduação, encontrará um ambiente mais adequado em acomodações no campus do que em uma casa de família longe da universidade. Hospedar-se em uma casa de família em um quarto pequeno, com apenas uma cama e armário, pode funcionar bem para alguém que fará um curso de idioma de um mês, por outro lado, se essa mesma pessoa resolve estender o intercâmbio para mais meses, esse espaço pode ficar desconfortável, e a pessoa provavelmente buscará um lugar maior, que tenha móveis como escrivaninha, para estudar no quarto. A distância entre escola ou universidade e acomodação também é um ponto de reflexão. Se a pessoa for estudar no verão, caminhar 4km é fácil e agradável, já essa mesma acomodação pode ser um transtorno no inverno, se não tiver fácil acesso ao transporte público.

Uma estratégia adotada por muitos intercambistas que farão programas de longa duração é contratar um período que varia entre 2 a 12 semanas de acomodação e depois, se gostar, optar pela renovação. Por outro lado, se achar mais conveniente e barato, poderá alugar uma casa ou apartamento com amigos.

Por todos esses pontos, a acomodação é algo bem sensível para os intercambistas em geral. A seguir, vamos explicar mais detalhadamente quais são e como funcionam as acomodações mais buscadas para se hospedar durante o intercâmbio.

CASAS DE FAMÍLIA

Podemos definir casas de família como pessoas que têm estrutura na casa para acomodar estudantes, assim como, em alguns casos, disponibilidade de prover alimentação aos hóspedes.

Algumas casas hospedam mais de um estudante por vez, pois têm vários quartos vagos. Os quartos podem ser duplos ou individuais, e com ou sem banheiro privativo. Banheiro privativo também é exceção, e não regra. Caso você contrate banheiro privativo, não se surpreenda se ele for fora do quarto.

Dependendo do intercâmbio, haverá mais ou menos escolhas do tipo de quarto e banheiro. Por exemplo: no caso de curso de idiomas, isso é possível escolher e contratar, já em intercâmbios como Ensino Médio ou *Au Pair*, não é possível escolher o banheiro privativo. É importante saber o que você tem liberdade de escolher e decidir antes da viagem ou não, dessa forma, você viajará muito mais confiante e confortável com as situações que encontrará.

Há muitas histórias de quem já se hospedou em casas de família. Em uma busca rápida no YouTube, você verá de tudo: quem gostou, quem não gostou e quem achou indiferente. Cada vivência é única. A família ideal para você pode não ser tão legal para outra pessoa.

TIPOS DE ACOMODAÇÃO PARA ESTUDANTES NO EXTERIOR 151

INSPIRE-SE
COM QUEM FEZ!

No primeiro intercâmbio de Fernanda Lopes, em Toronto, ela escolheu ficar em casa de família. Viajou receosa, como todo intercambista, de como seria a família que a hospedaria.
No final, gostou tanto da experiência, que, no seu segundo intercâmbio, escolheu se hospedar com a mesma família novamente. Segundo ela: "Eles foram maravilhosos. Não tinham a menor obrigação de me buscar no metrô quando voltava de uma viagem e ainda assim iam. Participei de vários almoços com outros membros da família. A mãe fazia tudo para mim, eu apenas separava minha roupa e ela lavava e depois deixava no meu quarto a roupa limpa e dobrada. Pratiquei muito meu inglês com eles."

A casa de família é uma alternativa fácil para os intercambistas que farão cursos de idiomas, pois é oferecida por 100% das escolas e algumas universidades nos programas de línguas. O risco de não ter vagas é mínimo. Além dessa facilidade na intermediação desse contato, o valor de ficar em uma casa de família geralmente é menor do que em outros tipos de acomodação.

As famílias têm contratos de prestação de serviços direto com as escolas ou empresas especializadas em prover acomodação para estudantes. No caso de escolas que não gerenciam diretamente as famílias, elas celebram contratos com as empresas especializadas nesse tipo de acomodação. Independentemente de quem gerencia a seleção das famílias, o processo para se tornar uma família hospedeira é basicamente igual: atender aos pré-requisitos de ter uma casa confortável e perto de transporte público, disponibilidade em poder cozinhar para o estudante e interesse em interagir com outras culturas. Ao final da estadia, geralmente é solicitado ao intercambista que preencha uma pesquisa de satisfação em relação à hospedagem. O resultado dessa pesquisa é analisado, e, se houver algum ponto negativo, será avaliada a continuidade ou não da família no cadastro para receber estudantes. Durante o intercâmbio, se o estudante tiver algum problema com a acomodação, seja de estrutura da casa ou relacionamento com a família, poderá procurar o responsável da escola pelo suporte ao aluno nos assuntos de hospedagem. Se for o caso, pode ser solicitada uma troca de família.

As famílias recebem estudantes por duas razões: a primeira é financeira, muitas famílias têm como renda extra alugar quartos vagos da casa para estudantes; a segunda razão é por gostarem desse contato com outras culturas. Dito isso, não espere famílias em bairros de classe média alta, não espere lençóis mil fios, não espere piscina aquecida e coberta. Espere casas de classe média ou de classe média baixa (para os padrões daquele país — nunca compare com o Brasil), espere famílias comuns, de trabalhadores ou aposentados. Podem ser nativos daquele país, podem ser imigrantes que vivem lá há muitos anos. Podem ser jovens, podem ser idosos, podem ter filhos ou não, podem ter animais ou não. Podem gostar de cozinhar ou comer muita comida congelada. Pode ser um casal gay, pode ser uma pessoa de religião diferente da sua. O que é importante frisar é que se tratando de pessoas, pode ser tudo. As únicas escolhas possíveis de indicar no momento de fechar o contrato com a escola são: alimentação especial (exs.: veganos, vegetarianos, pessoas com alergias a alguma comida, como camarão, pimenta etc.) e a outra é se prefere uma casa com animais ou sem animais. Se você optar com animais, não é possível escolher algo como: "Ah, quero apenas locais com um cachorro." A opção com animais significa que pode ser gato, cachorro, iguana, cobra, qualquer animal de estimação, e não há como restringir quantos animais você aceita na casa.

Sobre a alimentação, o plano de refeições oferecido varia conforme o país e a escola: há planos sem nenhuma refeição, planos apenas com café da manhã. O mais comum é o plano com meia-pensão (*half-board*), que inclui café da manhã e jantar, e o menos comum é o plano com todas as refeições (*full-board*), sendo que o almoço pode ser um lanche ou marmita para levar para a escola. A casa de família acaba sendo uma opção econômica exatamente porque inclui as refeições. A questão para saber se esse tipo de acomodação funcionará para você é considerar também o seu perfil alimentar. Você come de tudo? Não se importa com, por exemplo: comida apimentada, repetição da mesma comida, comida congelada? Então, pode ir tranquilo. Já se você faz questão de comer bem, detesta lasanha congelada, tem rinite, não é fã de gatos, então é melhor pensar em uma acomodação alternativa. As casas de família têm mais um ponto a ser considerado: ficam entre 60 e 70 minutos de transporte público da escola. Quando se opta por esse tipo de acomodação, a confirmação do endereço e contatos da família só chegam para o intercambista na véspera da viagem, ou seja, pode chegar até mesmo no dia do embarque. Isso é uma praxe do mercado. Haja coração!

Para finalizar, lembre-se de que o relacionamento entre estudantes e famílias pode variar muito. A relação é construída ao longo das semanas

TIPOS DE ACOMODAÇÃO PARA ESTUDANTES NO EXTERIOR **153**

de convivência, e as afinidades ou até mesmo antipatias surgirão natural-mente. Lidar com essas diferenças faz parte da experiência do intercâmbio e depende de você aproveitar a oportunidade única de poder morar com uma família de outro país e imergir na cultura.

RESIDÊNCIAS ESTUDANTIS E TRASLADOS

As residências estudantis podem ser prédios, casas ou apartamentos exclusivos para estudantes, administrados pelas escolas, universidades ou por entidades privadas. A principal característica desse tipo de hospedagem é a autonomia que os estudantes desenvolvem por estarem administrando seu próprio tempo. O estudante tem a flexibilidade de decidir que horas será o seu jantar, banho, tempo para estudos, diferentemente da casa de família, que implica seguir a rotina da família.

Como diria o Tio Ben (personagem dos quadrinhos e filmes do Homem-Aranha): Com grandes poderes, vêm grandes responsabilidades. Será necessário lavar a própria roupa, ser responsável pela própria comida e se organizar para ter uma vida saudável e produtiva, com boa convivência com os colegas da residência. Para atender a todas essas necessidades dos estudantes, essas residências oferecem serviços diferenciados. Muitas têm academia, lavanderia no estilo autosserviço e áreas de convivência com terraços, lounges e cozinhas compartilhadas, que facilitam a vida dos estudantes.

A localização também é um ponto forte, pode ser que sua acomodação e a sua sala de aula sejam no mesmo prédio, mas a maioria fica entre 20 a 30 minutos das escolas. Também existem acomodações que ficam dentro do próprio campus universitário, mas, como muitos deles são grandes, pode ser que você precise pegar um ônibus para chegar à sua sala de aula.

As residências estudantis oferecem variados tipos de quarto: quarto individual, quarto com cama de casal, quartos duplos ou triplos com camas de solteiro. O banheiro, no caso das residências estudantis, pode ser privativo (dentro do quarto ou fora) ou compartilhado. O plano de refeições varia conforme o tipo de curso escolhido. Para estudantes universitários (graduação ou pós-graduação), é possível escolher planos com as refeições inclusas, já para estudantes de idiomas e curta duração, a maioria das residências estudantis não oferece nenhum plano de refeições, e com exceções pode oferecer para programas específicos (grupos ou férias, por exemplo).

Considerando todos esses pontos de localização e serviços, o preço também poderá ser maior. Embora isso não seja uma regra, fique atento na sua pesquisa de preços de acomodação.

As residências reúnem estudantes de todas as partes do mundo e podem oferecer uma perspectiva cultural muito rica. Essa é uma grande oportunidade para conhecer pessoas de países que nunca havia sonhado visitar.

Por outro lado, conviver com tantas culturas diferentes pode gerar um choque cultural. Da mesma forma que em uma casa de família é importante respeitar o jeito deles de ser, com os amigos de outros países, será da mesma forma. Você pode ter um colega de quarto que tem hábitos de higiene diferentes, que ronca alto, que é fumante, e até detalhes pequenos podem gerar estresse, como o cheiro de um perfume de que você não gosta. Os desafios de convivência estarão presentes em qualquer acomodação ou tipo de intercâmbio. Flexibilidade e maturidade são elementos-chave para lidar com essas situações.

Consideramos as residências estudantis mais recomendadas para universitários, intercambistas de cursos de idioma acima de 21 anos e, eventualmente, casais ou amigos viajando juntos.

No caso dos intercâmbios para adolescentes, quem viaja em julho tem a garantia da residência estudantil na maioria dos destinos, por isso, muitos adolescentes optam por viajar nesse mês. Além do clima de verão, a acomodação não fica em uma casa de família, e são realizadas várias atividades no campus.

No primeiro intercâmbio de Fernando Silva, para a Cidade do Cabo, ele optou por se hospedar em uma residência estudantil. Para ele, essa opção se deu por conta da localização mais próxima da escola.

"Foi uma ótima escolha para mim me hospedar na residência estudantil da escola. Conheci pessoas do mundo todo, eu me senti em casa, usei muito a cozinha para interagir com os outros estudantes, e a localização era ótima."

SITES ESPECIALIZADOS EM ALUGUEL DE TEMPORADA E REDES HOTELEIRAS

Para essas opções, geralmente a pesquisa, a negociação e o pagamento são feitos diretamente ao fornecedor, nos sites especializados. Algumas escolas podem ter parcerias com alguma rede hoteleira e oferecer a reserva da acomodação para o intercambista.

Lembrando que, assim como acontece com as acomodações, que já explicamos, essa opção deve ser avaliada em conjunto com todos os aspectos do seu intercâmbio, como: duração, tipo de curso, localização, orçamento, tipo de experiência que busca e perfil pessoal.

Vamos analisar um pouco mais cada uma dessas opções.

→ Hotéis

Os hotéis oferecem muita comodidade, serviço de limpeza de quarto diária, estacionamento, entre outras amenidades.

No entanto, tendem a ser mais caros e ter a restrição de aceitar reservas máximas de 30 dias, ou seja, se o seu intercâmbio for de mais de um mês, terá que fazer uma reserva nova todo mês e lidar com variáveis como: risco de não encontrar vagas, flutuação do câmbio, mudança no preço das tarifas etc. Pode ser uma boa opção para intercâmbios de curta duração, entre duas e três semanas.

→ Hostels (Albergues)

Nós somos muito adeptas de hostels para viagens pela variedade de opções, preço e contato com outros viajantes. Eu, Carol, já me hospedei em hostels durante meus dois intercâmbios na América Latina (Argentina e Chile). Os hostels oferecem quartos coletivos com várias camas e também quartos individuais. Os quartos coletivos podem ser quartos só para mulheres, homens ou mistos. O banheiro também pode ser individual ou compartilhado. Porém, é preciso escolher bem. Alguns têm perfil de festa, ou seja, haverá barulho e muita festa até tarde da noite, o que pode tirar seu foco dos estudos. Aqueles em que já que me hospedei durante meus intercâmbios eram tranquilos, em bairros residenciais, silenciosos à noite, então é tudo questão de pesquisar. Escolher um quarto coletivo ou individual é uma questão de perfil.

Lembrando que o conforto de um hostel é bem menor que nos outros tipos de acomodação. Essa é outra boa opção para intercâmbios de curta duração, de duas a quatro semanas, e para quem vai viajar sozinho.

→ Sites especializados

Há uma série de sites especializados em aluguel de quartos ou apartamentos para temporadas, você talvez conheça e até já tenha se hospedado no maior deles: o Airbnb. Além do Airbnb, há outros sites disponíveis na internet em que é possível alugar acomodação para o seu intercâmbio, alguns podem ter um foco em imóveis locais de uma cidade ou país, outros podem ter um foco especial em duração — curta, média ou longa temporada.

A atratividade desses sites é a variedade muito grande de opções: de aluguel de um quarto a um apartamento, casa inteira ou studio. Além disso, os sites são de fácil navegação, e os anúncios têm fotos e, às vezes, até vídeos do local. Um ponto importante na escolha do site de aluguel de temporada é verificar a política de checagem de segurança do site, como: confirmação dos dados pessoais do anunciante e veracidade do anúncio. Os preços variam muito de acordo com o tamanho do local e a localização. Você encontrará preços intermediários, entre o valor de uma residência estudantil e um hotel, porém, com a vantagem de

FIQUE LIGADO!

Cuidado com anúncios de acomodações em redes sociais. Não faça pagamentos antes de visitar o local pessoalmente. A internet está cheia de golpes.

possuir um espaço só seu, sem precisar dividi-lo com ninguém. Para intercâmbios de média e longa duração, é uma boa opção.

→ Traslado (transfer)

Traslado, ou transfer, é o transporte do aeroporto até a acomodação. Esse serviço, quando oferecido pelas escolas, atende apenas às acomodações: casa de família e residência estudantil, que foram fechadas com a própria escola.

Para cursos de idiomas para menores de idade, o transfer é obrigatório na ida e na volta. Apenas nos intercâmbios de Ensino Médio a família hospedeira vai buscar o adolescente no aeroporto. Nos demais programas, e para maiores de idade, ele é opcional, a pessoa decide contratar um serviço especializado ou usar transporte público, táxi, Uber, entre outros.

Recomendamos o transfer de chegada para quem está fazendo a primeira viagem internacional. Evidentemente, o transfer oferecido pelas escolas pela comodidade e segurança pode ser mais caro que as demais opções, ainda assim, há exceções, e escolas que oferecem o transfer gratuito. Por isso, faça as contas e analise seu perfil como viajante para escolher o melhor tipo de transporte até a acomodação quando chegar a seu destino.

Você imaginava que um intercâmbio envolvia tantos detalhes? Parece simples quando vemos apenas uma foto bonita no Instagram, mas, por trás, há muita pesquisa, planejamento e muita economia. Chegou a hora de fazermos as contas. Quanto você gastará antes da viagem? E durante? Como analisar o custo de vida do destino? Como levar dinheiro? Essas e outras perguntas esperam por você no próximo capítulo. Hora de pegar papel, caneta e calculadora.

PLANEJAMENTO FINANCEIRO

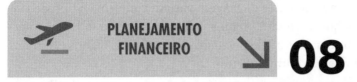

PLANEJAMENTO FINANCEIRO 08

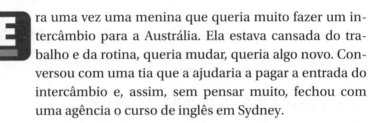

Era uma vez uma menina que queria muito fazer um intercâmbio para a Austrália. Ela estava cansada do trabalho e da rotina, queria mudar, queria algo novo. Conversou com uma tia que a ajudaria a pagar a entrada do intercâmbio e, assim, sem pensar muito, fechou com uma agência o curso de inglês em Sydney.

Passados alguns meses, ela foi mandada embora do trabalho e pensou: "Perfeito! Vou viajar com o dinheiro da rescisão."

O que ela não imaginou foi que o dinheiro da rescisão acabaria antes da data programada para a viagem, afinal, havia despesas mensais. Resumo da história: cancelou o intercâmbio quando se deu conta de que não tinha se planejado adequadamente. Arcou com as multas do cancelamento e esperou mais de 30 dias para receber o reembolso da agência.

Essa história é real. A menina sou eu, Carol. Aprendi na marra que, sem planejamento, a gente não chega à esquina com nossos sonhos. E eu sei que essa história é parecida com a de muita gente. Por isso, dedicamos este capítulo a ajudá-lo a planejar para de fato levar seus sonhos na mala e passar pela imigração. Vamos juntos?

Para começar a se organizar financeiramente para o intercâmbio, você deve se preparar em três fases:

- ☑ Gastos antes da viagem.
- ☑ Gastos durante a viagem.
- ☑ Gastos quando voltar de viagem.

GASTOS ANTES DA VIAGEM

Os gastos que começam antes da viagem variam conforme o tipo de viagem de estudos que você fará. Alguns custos serão para todos os intercâmbios, enquanto outros são específicos. A seguir, veja alguns exemplos e perceba as diferenças entre cada um.

É importante ressaltar que estas listas não abrangem todas as taxas que podem ser cobradas, mas representam um guia geral para saber por onde começar. Quando você estiver fazendo seu planejamento financeiro, questione quais são todos os custos envolvidos para não ter surpresas de cobranças futuras.

Além disso, programas como *Au Pair*, Ensino Médio, Work and Travel e voluntariado costumam ter valores fechados em pacotes com a maioria desses custos já inclusos.

CUSTOS GERAIS PARA QUALQUER INTERCÂMBIO

$ Valor do programa ou curso.

$ Acomodação.

$ Passagens aéreas de ida e volta.

$ Seguro viagem.

$ Visto.

$ Passaporte.

$ Vacinas e consultas médicas algumas vezes são obrigatórias, mas, se não forem, é altamente recomendado fazer um check-up antes da viagem.

$ Valor da agência ou consultoria especializada de suporte para inscrição, caso aplicável.

$ Material escolar: Dimensione o material conforme o tipo de intercâmbio e duração. Exemplo: para um curso de idioma de um mês, você só precisa de um caderno e uma caneta. Já para um curso superior, pode ser necessário um notebook.

$ Taxa do traslado do aeroporto para a acomodação.

CUSTOS GERAIS PARA CURSOS SUPERIORES

$ Exames de admissão e testes de proficiência no idioma.

- $ Taxas de candidatura.

- $ Traduções e custos com documentos.

- $ Material: listas de livros do conteúdo programático do ano letivo. Pesquise como as universidades orientam sobre isso, como compra de material usado, materiais online e às vezes até indicam empresas que alugam livros.

- $ Seguro ou plano de saúde.

- $ Seguridade social.

- $ Outros seguros.

CUSTOS GERAIS PARA CURSOS DE IDIOMAS E PROGRAMAS PROFISSIONALIZANTES

- $ Matrícula: Taxa de inscrição na escola.

- $ Material: Pode ser cobrada antes do embarque ou no primeiro dia de aula. Verifique também se a taxa representa a compra do livro ou apenas um empréstimo do material que deverá ser devolvido no último dia de aula. Há escolas que trabalham com apostilas próprias (fotocópias) e outras, com material online.

- $ Taxa de colocação na acomodação: Taxa cobrada pelo serviço de encontrar sua acomodação, fazer a reserva e lhe dar suporte durante a estada.

- $ Taxa de alta temporada do curso: Cobrada nos períodos de alta temporada (verão).

- $ Taxa de alta temporada para acomodação: Cobrada nos períodos de alta temporada (verão).

- $ Noites extras na acomodação: Caso você chegue ou saia da acomodação fora das datas oficiais de check-in e check-out.

- $ Taxa para dieta especial: Caso você tenha alguma restrição alimentar, como alergias, ou não goste de alguns alimentos, siga uma dieta vegana, vegetariana etc. Como achar uma família especial requer mais trabalho, é cobrada uma taxa extra.

- $ Taxa ambiental: É obrigatório a escola cobrar conforme as regras do país, atualmente, somente Malta tem essa cobrança.

FORMA DE PAGAMENTO E DESCONTOS

A forma de pagamento pode ser um facilitador para você realizar seu intercâmbio. No entanto, cuidado para não comprometer muito sua renda e não acumular esses gastos iniciais com os que terá durante a viagem.

O ideal é pagar totalmente a primeira etapa do intercâmbio antes do embarque, por isso, quanto mais antecedência você começar suas pesquisas, mais chances de ter um bom cronograma do ponto de vista financeiro.

Se puder pagar à vista, é ainda melhor, e de quebra você pode negociar algum tipo de desconto com as agências.

Ainda com relação às formas de pagamento, é raro encontrar no exterior as mesmas formas de parcelamento do Brasil, por isso, quando for fechar direto com as instituições de ensino, esteja preparado para pagamento à vista ou em poucas vezes. Verifique também as taxas de transferências internacionais com o seu banco e a incidência de IOF para uso do cartão de crédito.

Caso você ache melhor parcelar com agências no Brasil, fique atento a juros nas parcelas — isso vale tanto para cartão de crédito quanto para boleto. Geralmente, os parcelamentos mais longos, acima de 12 vezes, costumam ter juros.

Para economizar na passagem, o ideal é pesquisar com quatro a seis meses de antecedência e monitorar sites especializados em promoções. Configure avisos para o seu destino e compre a passagem quando o valor estiver dentro da sua expectativa e da média para ele. As agências oferecem passagens com tarifa de estudante que são vantajosas para intercâmbios de média e longa duração, em que será necessário remarcar o voo de retorno. Muitas companhias aéreas nas passagens de estudantes isentam a multa de remarcação ou são mais baratas que as de uma tarifa regular. Se informe sobre esses valores, multas e remarcações antes de emitir a sua passagem.

SEGUROS

O seguro viagem é um item obrigatório, no qual não vale a pena economizar. Pesquise e compare não apenas o preço, mas também as coberturas, como: valores em caso de atraso ou extravio da mala, coberturas médicas para acidentes e condições de saúde preexistentes, como usar o seguro em caso de necessidade, tempo para reembolso de consultas médicas etc. A Europa exige uma cobertura mínima de 30 mil euros. Irlanda, Austrália e Nova Zelândia oferecem seguros próprios e obrigatórios para estudantes internacionais de cursos de idiomas de média (4 meses) e longa duração (acima de 6 meses); no entanto, esses seguros não cobrem despesas hospitalares em outros países, nem nada referentes à viagem, como atraso ou extravio de bagagem, assistência jurídica, traslado de corpo etc. Pode valer a pena ter um seguro complementar para esses casos.

Para programas de longa duração, especialmente cursos superiores, que podem durar até mais que cinco anos, é importante saber que o seguro viagem nem sempre é suficiente para cobrir os gastos com saúde, muitas vezes será necessário contribuir com a seguridade social ou com taxas do sistema de saúde do país. Em países como os EUA, em que o sistema de saúde é privado e os custos com qualquer intervenção são altíssimos, é importante ter um seguro que cubra adequadamente os valores.

COMPROVAÇÃO FINANCEIRA PARA OBTENÇÃO DO VISTO

Para a maioria dos países concederem um visto de turista ou estudante, é necessária uma comprovação de renda. Essa comprovação serve para demonstrar que a pessoa tem fundos suficientes para se manter durante a viagem e não recorrerá a

DÚVIDAS FREQUENTES SOBRE PASSAGENS AÉREAS

Preciso comprar a passagem de ida e de volta? Depende. Para alguns destinos, não é obrigatório, mas ajuda bastante na hora da imigração, pois comprova sua intenção de voltar ao Brasil. Em outros destinos, é obrigatório ter passagem de ida e volta, mesmo que não contemple todo o período e seja necessário remarcá-la. Outro ponto é que passagens de ida e de volta são mais baratas. As cias. aéreas cobram mais caro apenas um trecho (ida, por exemplo) para ser mais vantajosa a compra de dois trechos (ida e volta).

Posso comprar ida e volta e deixar a data da volta em aberto? Não, isso não é possível. Para a companhia aérea calcular o preço de uma passagem, ela precisa saber as datas de ida e de volta.

formas ilegais de trabalho. Países da América do Norte e da Oceania costumam exigir de 1.500 a 1.700 dólares da moeda do país para cada mês de estudos. Já para países europeus, a exigência varia entre 600 e 1.000 euros por mês de estudo. Essa comprovação pode ser feita por meio de extratos bancários, extratos de aplicações financeiras etc. É possível também apresentar a renda de uma segunda ou até terceira pessoa além da sua, como pais ou tios. No entanto, será necessário explicar a ligação de vocês e por que essa pessoa está investindo no seu estudo. Procurar um especialista em vistos antes de fechar o intercâmbio ou ler atentamente as informações oficiais nos sites dos consulados dos países é muito importante para se inteirar sobre o tempo que leva o processamento do visto, assim como as taxas consulares.

LEMBRANÇAS DO BRASIL PARA A FAMÍLIA HOSPEDEIRA, COLEGAS DE CURSO, PROFESSORES ETC.

Se for levar alguma comida, atente-se para as pessoas que podem ter alguma alergia e explique antes o que está oferecendo. O que geralmente os intercambistas levam são artesanatos brasileiros ou alimentos industrializados, como massa de pão de queijo, tapioca, paçoca, sonho de valsa, caixa de chocolates sortidos etc. Lembrando que, ainda que sejam produtos industrializados, eles podem passar por fiscalização e até mesmo ser apreendidos. Não exagere na quantidade.

GASTOS VARIÁVEIS DURANTE A VIAGEM

Veremos, a seguir, os principais gastos variáveis durante a viagem.

- $ Transporte.
- $ Alimentação.
- $ Lazer (passeios, eventos culturais e esportivos, vida noturna etc.).
- $ Chip de internet para celular.

Considere uma média de 1.200 na moeda do país para o qual você for, exemplo: AUD (dólar australiano), CAD (dólar canadense), USD (dólar americano), EUR (euro), GBP (libra), NZD (dólar neozelandês), para essas despesas básicas mensais. Isso significa que você precisará desse valor à vista para cada mês do seu intercâmbio. Considere, em cima desse valor, o IOF de 1,1% para compra de moeda estrangeira em espécie e um IOF de 6,38% para compra de moeda em cartões pré-pagos ou uso em cartão de crédito. Para intercâmbios de curta ou média duração, em que o estudante não trabalhará no destino, a melhor forma de levar o dinheiro é um pouco em espécie (10% a 20%) e o restante em cartões pré-pagos. Apesar de o IOF ser maior, a segurança também é. Conhecemos histórias de quem perdeu mais de mil euros em golpes de rua no exterior. Os cartões pré-pagos também ajudam no controle dos gastos, uma vez que você só os usa quando têm crédito; além disso, eles disponibilizam aplicativos para celular em que é possível ver o extrato dos gastos e o saldo. Outra opção são as transferências internacionais em sites especializados, no entanto, é necessário que o estudante já tenha aberto uma conta no banco do país em que for estudar. Há cada vez mais opções: de contas digitais globais a cartões pré-pagos com cotação de dólar comercial e taxas mais vantajosas. Todas estas opções têm suas vantagens e desvantagens, atualmente, as contas digitais globais só trabalham com dólar norte-americano, o que pode não valer a pena para um estudante que vai para a Europa. Leia sempre todas as condições oferecidas pelas empresas para escolher o que melhor lhe atenderá.

Hoje, diversos sites ajudam na pesquisa de cotação de câmbio, uma pesquisa rápida no Google com o termo "cotação de câmbio" mostrará diversas opções. Verifique sempre se a corretora é cadastrada no Banco Central e se tem autorização para operar câmbio.

Se o estudante pretende trabalhar no destino, poderá abrir uma conta em um banco local para receber seu salário; dessa forma, o cartão pré-pago que levou ficará para emergências ou para receber dinheiro do Brasil.

Uma boa dica é tirar todas as dúvidas no primeiro dia de aula na escola, e provavelmente descobrirá opções econômicas. Alguns países têm passes de transporte para estudantes ou passes mensais com desconto. Pesquise as operadoras de celular locais: não há necessidade de comprar chip no Brasil, pois você pagará o dobro sem necessidade. Eu, Carol, no meu intercâmbio para o Chile, gastei cerca de R$70 com créditos de internet de uma operadora local, enquanto outra menina que conheci no hostel gastou cerca de R$400 comprando um chip internacional no aeroporto.

O mesmo vale para a alimentação: prefira os restaurantes locais, fora do circuito de turistas. Quem vai ficar em residência estu-

DICAS ↓

Para programar seus passeios e ter uma ideia melhor de custo, algumas dicas:

Pesquise por Free Walking Tours: são empresas locais que oferecem city tours a pé, e no final você paga o quanto desejar. Em inglês, a expressão usada é *pay what you wish*.

Pesquise também outras experiências locais, vendidas em sites de turismo, como o Airbnb Experience.

Visite a biblioteca local e fique por dentro da agenda de eventos.

Procure se a cidade em que for estudar tem um Visitor Center oficial (Centro de Visitantes), onde você conseguirá mapas, cupons de descontos e agenda de eventos da cidade.

Pesquise os dias em que visitar museus e prédios públicos são de graça ou no estilo *pay what you wish*: em Nova York, por exemplo, o Museu de Arte Moderna (MOMA) cobra US$25 a entrada para adultos. Às sextas-feiras, das 16h às 20h, você pode visitá-lo de graça.[1]

Na Inglaterra, menores de idade não pagam para visitar a maioria dos museus.

Em muitas cidades da Europa, estudantes de até 25 anos também pagam entradas reduzidas em museus e atrações culturais. Essas informações estão sempre disponíveis nos sites das atrações e também na entrada.

Se você tem pouco tempo para lazer, a compra de pacotes de tíquetes com várias atrações pode ser uma opção mais econômica, esses pacotes são conhecidos como City Pass.

- - - - -

[1] https://www.moma.org/visit/.

dantil, Airbnb ou qualquer acomodação que dê acesso a geladeira e fogão ou micro-ondas, pode economizar bastante em refeições e lanches fora de casa, comprando ingredientes no supermercado e em feiras locais. Se você for como eu, Marina, que ama experimentar diferentes guloseimas e também comer em restaurantes sempre que possível, deixo uma dica importante: pense que seu intercâmbio é uma viagem de longa duração e procure dividir suas experiências gastronômicas ao longo do tempo em que vai ficar para não pesar no bolso nem na saúde ao final do intercâmbio. Você definitivamente não precisa experimentar todos os quitutes na primeira semana de viagem.

Viagens e passeios durante o intercâmbio acabam sendo o item mais pesado do orçamento. Novamente, não existe mágica. Compare os preços dos passeios oferecidos pela escola (que tem parcerias fixas com agências locais) com o preço para fazer esse mesmo passeio só ou com um grupo de amigos. Será que alugar um carro sairia mais barato? Será que existem outras agências que oferecem o mesmo passeio? Claro que, além do preço, deve-se considerar a credibilidade da agência e a segurança do passeio, uma vez que com a escola isso está garantido. Menores de idade precisam de autorização dos pais para fazer os passeios turísticos com a escola; geralmente, as agências, quando entregam a documentação da matrícula para preenchimento, já incluem esses documentos de autorizações. Nessas autorizações, estão descritas as responsabilidades da escola com o menor, então, reforçamos a importância de ler com atenção e tirar dúvidas para evitar desconfortos futuros.

Ainda que você conte com o suporte de uma agência de intercâmbio ou consultoria especializada, os passeios são um tema à parte. Saiba que intercâmbios para maiores de idade não incluem passeios, a exceção a isso está nos programas de férias para menores de idade.

Lembre-se: as agências ou consultorias têm como responsabilidade a orientação educacional e a intermediação da contratação das escolas e acomodação.

Por isso, se o seu intercâmbio não inclui passeios, essas pesquisas serão sua tarefa. A escola ou universidade pode até propor atividades, mas, no geral, ela lhe dará as orientações no primeiro dia de aula, e a partir daí é você que deverá pesquisar e montar seu roteiro de passeios durante o intercâmbio. Se é a sua primeira vez planejando uma viagem, além das dicas que já demos neste capítulo, o Google será seu melhor amigo — ele sabe muito mais do que nós ou qualquer outra pessoa. Quer descobrir o melhor restaurante de Londres? Google it! "Best London Restaurants". Quer saber quanto custa o passe de metrô? Google it! "NY Subway Fare Tickets". Quanto custa um passeio para Niágara Falls? Google it! "Niágara Falls Tours and Tickets".

Este capítulo tem o intuito de ajudá-lo a entender com mais clareza como lidar com o dinheiro no seu intercâmbio, mas é impossível que nós esgotemos esse assunto aqui. Nossa intenção é dar algumas diretrizes para que você tenha um ponto de partida para seu planejamento financeiro. Os tópicos abordados estão o tempo todo sujeitos a influências de câmbio, regras das escolas e universidades, legislações etc.

COMPRAS NO INTERCÂMBIO

Uma dica para se manter no orçamento durante seu intercâmbio é: faça antes da viagem uma lista das coisas que deseja comprar e atenha-se a ela. Esteja alerta para impulsos consumistas que o farão se arrepender depois. Eu mesma, Carol, já comprei algo que não era nem tão bonito, nem tão

FIQUE LIGADO!
Planejamento financeiro

Mesmo nos intercâmbios de estudo com trabalho, ainda assim é importante colocar no seu planejamento financeiro as despesas mensais para todos os meses do seu intercâmbio.

E então você deve estar pensando: Mas, se pretendo trabalhar, por que fazer uma previsão de gastos tão alta?

Simplesmente porque não é possível prever se você conseguirá trabalho no primeiro, segundo ou até mesmo nos últimos meses do seu intercâmbio. Você precisa ter condições de se manter sem trabalho, que é a mesma comprovação que você fez para tirar o visto.

Claro que não é necessário, no primeiro momento, comprar todos os dólares que estão previstos, mas esse dinheiro precisa estar disponível facilmente se as coisas não saírem como você imagina. No melhor dos cenários, você conseguirá seu emprego e não precisará gastar essa reserva.

necessário, simplesmente porque estava barato e depois nem usei. Agora, quando viajo, tenho listas do que realmente preciso e que é vantajoso comprar fora. Dependendo do câmbio, muitos itens acabam ficando com o mesmo preço do Brasil, além de perder a garantia do produto quando voltar. Nossa segunda sugestão para a sua lista de compras é se fazer algumas perguntas e refletir a respeito: O que é necessidade e o que é desejo? Quais itens podem esperar? Você precisa mesmo de uma bota nova? Do tênis da moda? De mais uma maquiagem?

Na minha última viagem ao Chile, eu, Carol, trouxe comigo 7 garrafas de vinho, e valeu a pena porque eu gastaria ao menos o dobro nas mesmas marcas comprando no Brasil. Por outro lado, para compensar, compro o mínimo de souvenires e para pouquíssimas pessoas. Essas lembrancinhas parecem baratas, mas, de chaveiro em chaveiro, de camiseta em camiseta, você pode gastar uma pequena fortuna. Adicione ao item de compras o custo de ter que pagar uma bagagem extra ou excesso de peso na sua mala. Já cometemos esse deslize e, quando voltamos do intercâmbio, pagamos cerca de US$100 de excesso de bagagem cada uma; esse valor pode chegar até US$250, dependendo da companhia aérea. Se isso acontecer, toda a economia de comprar fora do Brasil, por ser mais barato, será energia desperdiçada.

O planejamento de compras varia conforme a duração do intercâmbio, assim como o tipo de estudos influenciará suas compras. Por exemplo, um estudante de graduação precisará comprar ou levar do Brasil itens como: roupas de cama e banho, pode desejar também um computador mais leve e moderno, tudo isso deve entrar no planejamento financeiro dos custos totais da viagem. Já alguém que estudará por poucos meses e morará em um lugar já mobiliado, terá menos despesas com esses itens e poderá pensar em gastar mais com outras compras pessoais.

É natural, quando chegamos a um lugar diferente, querer consumir alguns produtos que não temos no Brasil ou não são de hábito comum por aqui; isso nos dá também um senso de pertencimento. Se todo mundo tem o agasalho da universidade, você também poderá querer um, mas, será que quando aparecer um modelo novo, no ano seguinte, você precisará de mais um?

Comprar algo é muitas vezes trocar uma experiência no destino como um passeio, um restaurante diferente, uma viagem de final de semana ou um evento cultural por algo material e que pode perder o sentido rápido, enquanto as lembranças de um passeio serão para sempre.

GASTOS DEPOIS DO INTERCÂMBIO

Normalmente, quando pensamos em uma viagem, sempre calculamos o valor que vamos gastar antes, na aquisição de acomodação, passagens, hotel etc., e no valor que vamos gastar durante a viagem, no dia a dia, com transporte, passeios, alimentação etc.

Ocorre que, quando planejamos um intercâmbio, especialmente os de média e longa duração, muitas vezes nos desligamos do nosso trabalho, estamos em transição de fase na vida, terminando o Ensino Médio e indo para a faculdade ou saindo da universidade, e indo para o mercado de trabalho.

A viagem de estudos é uma pausa em qualquer uma dessas situações, ou seja, afeta diretamente nossos rendimentos futuros. Sabemos que o investimento trará retorno quando voltarmos ao nosso país, porém, até que você consiga se colocar no mercado, se ambientar novamente na cultura brasileira e organizar sua nova rotina de vida, levará um tempo.

Durante esse tempo, você terá seus gastos mensais, a conta de telefone celular, talvez um aluguel, novas compras de móveis podem ser necessárias, enfim, é um retorno e uma nova adaptação.

Por isso, nossa recomendação é incluir no seu planejamento financeiro uma reserva chamada "retorno", que será o dinheiro que você usará nesse momento de reentrada no Brasil. Esse valor é muito pessoal, mas você pode ter como base sua vida atual. Se quiser voltar e manter exatamente o mesmo padrão por um, dois ou três meses, você saberá de quanto deve ser sua reserva de "retorno". O tempo que o dinheiro da reserva precisa durar também é uma decisão pessoal, mas, pela nossa experiência e até pelas vivências de amigos e clientes, o tempo de colocar a vida em ordem depois de ficar fora do Brasil por mais de 6 meses é, em média, de 3 a 6 meses.

PREPARANDO-SE PARA OS IMPREVISTOS E O QUE PODEMOS APRENDER COM O CORONAVÍRUS

Este livro estava quase pronto quando fomos surpreendidas com o avanço do coronavírus no mundo. Países fechando as fronteiras, estrangeiros sem conseguir voos de retorno para seus países, câmbio batendo recordes de altas diariamente, intercambistas com sonhos interrompidos sem poder embarcar, enquanto outros tiveram que voltar às pressas ao Brasil.

Sem dúvida, vivemos uma situação sem precedentes; por outro lado, podemos olhar para trás e enxergar alguns aprendizados para nossas futuras viagens.

Entre todas dificuldades dos viajantes que estavam fora do país naquela época, uma em especial chamou mais a atenção.

Quem viajou sem uma reserva de emergência, passou por mais problemas do que os que estavam em uma situação financeira mais estável.

CONTEÚDO EXTRA!

No site do livro, você pode baixar uma planilha para fazer o seu orçamento, assim como encontrará uma lista de sites e vídeos para o ajudar no planejamento.

Vaquinhas online solicitando ajuda para comprar passagens, pedidos de ajuda para pagar uma acomodação e até mesmo casos de pessoas que dependeram da caridade dos locais para conseguir comida.

A situação foi tão rápida, que os governos não estavam preparados para a quantidade de pessoas pedindo ajuda para serem repatriadas ao Brasil, e muitas tiveram que comprar a própria passagem por preços bem acima do normal para não ficar presas nos seus destinos.

Quem ficou no exterior, seja por escolha ou por que as fronteiras se fecharam e não houve tempo hábil de reação, viu-se em uma situação de redução de salário, e muitos intercambistas de fato perderam seus empregos, pois a maioria trabalhava nas áreas de comércio e serviços.

Diversas histórias chegaram até nós naquela época pelas redes sociais, com relatos de dificuldades que os intercambistas que ficaram enfrentaram para pagar as contas mensais, muitos dependendo de ajuda de amigos e familiares do Brasil, que também atravessavam suas próprias dificuldades diante da crise.

Portanto, o que podemos aprender com tudo isso?

O mundo mudou, e viajar exige de nós ainda mais cuidado e planejamento.

Não é mais uma opção no mundo de hoje, e depois do que vivemos, viajar sem uma reserva de emergência. Pessoas pagaram mais de R$10 mil reais em um único voo de volta. Quem tinha dinheiro, chegou em casa mais rápido. Famílias inteiras dormiram em aeroportos por dias esperando uma resposta de voos de repatriação pelo Itamaraty.

Achamos muito importante reforçar o quanto uma reserva de emergência pode lhe dar tranquilidade em um momento de apuros. Imprevistos, como o nome diz, surgem do nada. Mas cabe a nós saber que eles podem acontecer e nos prepararmos para eles. Por isso, a reserva de emergência é tão importante, ela lhe dará segurança e tranquilidade em um momento de crise.

Uma vez feito o planejamento financeiro da viagem, considerando todas as variáveis, checando se tudo o que você deseja fazer no intercâmbio cabe no seu orçamento, o próximo passo é fechar o contrato. Que cuidados você deve tomar nesse momento? Conversaremos sobre isso no Capítulo 9.

ENTENDENDO AS ETAPAS LEGAIS E BUROCRÁTICAS DE CONTRATAÇÃO E MATRÍCULA

09

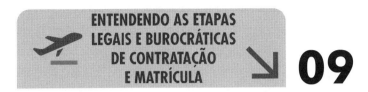

ENTENDENDO AS ETAPAS LEGAIS E BUROCRÁTICAS DE CONTRATAÇÃO E MATRÍCULA — 09

Chegamos ao momento decisivo do seu intercâmbio, que são as etapas legais e burocráticas para a contratação do seu curso e a efetivação da sua matrícula. Você já tomou todas as decisões pertinentes ao seu intercâmbio e agora é hora de assinar o contrato e preparar a documentação para a matrícula. Existem duas formas de fechar seu intercâmbio, que já pontuamos: com a ajuda de uma agência ou consultoria especializada e direto com a instituição de ensino.

Vamos pontuar neste capítulo os principais cuidados no fechamento dos contratos.

Nossas dicas valem tanto para quem vai fechar sozinho, direto com a instituição de ensino, tanto com suporte especializado. Alguns itens são mais voltados a cursos de idiomas e demais programas oferecidos por agências, enquanto outros são referentes a cursos superiores.

IDIOMA DOS CONTRATOS

Fechando direto com a instituição de ensino, o contrato estará no idioma local ou em inglês, enquanto fechando com uma agência, os contratos são em português.

ARBITRAGEM

É importante ter em mente que o código de defesa do consumidor brasileiro é um dos melhores do mundo, garantindo, às compras e contratos celebrados e arbitrados no Brasil, uma boa proteção ao consumidor em caso de qualquer descumprimento na relação de consumo. Fechar um intercâmbio envolve o fechamento de mais de um contrato, lembre-se de que você contratará uma instituição de ensino, uma acomodação, passagens aéreas, seguro de viagem etc. Tenha em mente que, fazendo o contrato com fornecedores sediados, no Brasil, você terá essa proteção. Sabemos que é tentador encontrar, por exemplo, uma passagem aérea mais barata em um site estrangeiro ou encontrar uma agência com sede no exterior e com o preço do curso bem mais barato do que o oferecido pelas agências do Brasil, mas pense duas vezes, pois, se você tiver algum problema, terá muita dificuldade para acionar judicialmente a empresa.

FORMAS DE PAGAMENTO

Pagamentos diretos com a instituição de ensino, geralmente, são realizados à vista ou em poucas parcelas; isso é válido desde cursos de idiomas até cursos de ensino superior. Tradicionalmente, as universidades cobram anuidades em um único pagamento, porém, em muitos países, elas começaram a oferecer formas de pagamento mais flexíveis.

Já uma agência oferece diversos parcelamentos, como: cartão de crédito, boletos e financiamento, com ou sem juros.

Muitas pessoas têm dúvidas se, mesmo fechando com uma agência no Brasil, é obrigatório quitar todo o valor do curso antes da viagem. Isso vai variar, pois há lugares que permitem um financiamento que não precisa estar quitado, e a pessoa pode viajar e continuar pagando, enquanto em outros é, sim, uma exigência que todo o valor do programa seja quitado antes do embarque.

SUPORTE E CONTATO

Ao fechar contrato com uma instituição de ensino, todo o contato para esclarecimento de dúvidas será por e-mail e, eventualmente, por telefone. Na maioria das vezes, a conversa será no idioma local ou em inglês, são raras as instituições com brasileiros nas equipes de admissão; ou seja, você precisa estar confortável de fazer todo o processo em outro idioma.

Da mesma forma, poucas são as instituições estrangeiras que possuem escritório no Brasil, e, quando têm, é mais para um trabalho institucional de divulgação e recrutamento do que de fato para assumir junto ao candidato todas as etapas da matrícula.

No caso de cursos de idiomas, as escolas não costumam ter uma equipe grande focada em vendas, por isso, são parceiras das agências. Na prática, isso significa que a demora em responder suas dúvidas pode ser maior. É realmente um contato objetivo de compra e venda, para pessoas bem independentes e com experiência em viagens. As escolas também não oferecem serviços adicionais, como orientações para o embarque, algo muito comum nas agências.

Já com a agência ou consultoria especializada, você terá uma pessoa dedicada ao seu atendimento antes, durante e depois da sua viagem. Existem diversos canais para esclarecer dúvidas, como: e-mail, telefone, vídeo chamadas, WhatsApp ou pessoalmente.

Durante o seu intercâmbio, seu suporte principal será sempre a instituição de ensino, independentemente de ter fechado com suporte especializado. Algumas agências têm

IMPORTANTE!
Nenhum programa pode garantir vaga no curso/programa que você deseja. A vaga só é garantida no momento em que a instituição de ensino recebe sua documentação completa e envia a carta de aceite. Para cursos ou programas com vagas limitadas, não deixe para a última hora. Fique atento aos prazos de envio de documentos.

INTERCÂMBIO PARA TODOS

escritórios no exterior oferecendo um suporte local aos estudantes de forma similar ao que oferecem no Brasil.

ETAPAS DO PROCESSO

Explicaremos agora a sequência de etapas mais comuns para a maioria dos intercâmbios. Com esse conhecimento, você sentirá muito mais segurança para fechar o seu programa e entenderá mais os termos usados no segmento de intercâmbios e os prazos de cada etapa.

- **Inscrição no programa ou fechamento:** É o momento em que você assinará os contratos de todos os itens do seu intercâmbio: curso, acomodação, seguro, passagem etc. Lembre-se de que você poderá contratar fornecedores diferentes; por exemplo, comprar uma passagem diretamente com a cia. aérea é um contrato, contratar um curso via agência é outro contrato e escolher uma acomodação em sites de hospedagem, outro.

- **Entrega de documentação:** Para cada programa, você precisa entregar uma série de documentos pessoais; uma lista completa de informações que precisará ser entregue e processada pela agência, suporte especializado ou escola/universidade. Por exemplo: quem vai estudar em curso de idioma, geralmente, só precisa enviar a foto do passaporte e depois o visto aprovado. Quem vai estudar em Ensino Médio (High School) precisa montar um dossiê escolar e também familiar. Quem vai cursar graduação ou pós precisará de históricos escolares traduzidos e juramentados. Quem vai fazer um curso profissionalizante precisará entregar o currículo e uma carta de apresentação pessoal, e assim por diante, conforme as exigências de cada programa. Por isso, consulte sempre a lista completa do seu tipo de intercâmbio. O importante é você não demorar a entregar a documentação, senão sua matrícula ficará estagnada.

- **Envio dos documentos dos programas mais comuns oferecidos por agências:** O envio dos seus documentos se dá em duas etapas. A primeira envolve a área financeira da agência,

ENTENDENDO AS ETAPAS LEGAIS E BUROCRÁTICAS DE CONTRATAÇÃO E MATRÍCULA **177**

que verificará os contratos, as formas de pagamento e a quitação do valor da entrada, e então liberará sua solicitação de matrícula para a área operacional da agência. A área operacional checará toda a documentação antes de a enviar para a escola. Caso falte algum documento, haverá prazo para entrega e para seguir adiante com o processo de efetivação da matrícula. Esse processo pode levar entre dois e três dias. Por isso, o dia que você assina o contrato na agência não é, necessariamente, o dia da sua matrícula no programa.

⌛ **Carta de aceite:** Esse é um documento em que a instituição de ensino confirma que você foi aceito no curso escolhido e informa as próximas etapas para a efetivação da matrícula, se for o caso. Por exemplo: a carta de aceite em um curso de idioma, Ensino Médio, profissionalizante significa matrícula concluída com sucesso, já para um curso de ensino superior, significa que haverá a partir desse momento as etapas de pagamento e a dupla checagem das informações enviadas no processo de candidatura. O tempo para chegar à carta de aceite varia conforme o programa. Normalmente, para cursos de idiomas, pode levar de 7 a 10 dias úteis. Para programas de Ensino Médio e universitários, pode demorar até 45 dias. Consulte sempre esses prazos com a instituição de ensino ou suporte contratado para fazer seu intercâmbio.

⌛ **Confirmação da acomodação quando se escolhe casa de família em contratação via agência:** Independentemente do país ou do programa, as informações da família hospedeira costumam chegar próximas da data de viagem. Sabemos que essa espera pode ser angustiante, mas você pode receber o endereço de onde vai morar um dia antes de embarcar, e isso é padrão no segmento de intercâmbio.

⌛ **Reunião pré-embarque:** Essa reunião é um encontro de preparação do estudante antes da viagem. Esse encontro varia conforme a agência, e os temas abordados variam conforme o tipo e o tempo do intercâmbio. Pode ser um encontro em grupo ou individual. Alguns programas, como Ensino Médio, podem ter mais de uma sessão de orientação dividida em temas, como: adaptação no destino[1] e a parte burocrática do programa e do embarque. Atualmente, há também profissionais especializados em educação internacional que oferecem serviços de orientação e acompanhamento no destino. São consultorias que podem ser contratadas separadamente para quem deseja um suporte extra durante o intercâmbio.

Destacamos a seguir mais pontos de atenção sobre as etapas legais e burocráticas.

- ➤ **Credibilidade dos prestadores de serviços de viagens e intercâmbios:** Muita gente esquece de fazer essa lição de casa e pesquisar sobre a credibilidade das empresas que intermediarão a compra dos diversos itens que fazem parte do intercâmbio. A seguir, veja alguns critérios para analisar os prestadores de serviços:

- ➤ **Reclame Aqui:** Quais são as reclamações frequentes? Qual é o tempo de resposta da empresa para a reclamação? A empresa solucionou o caso? Qual é a avaliação final do cliente após ter seu problema resolvido? Tudo isso ajuda a perceber quem são as empresas preocupadas em reverter uma experiência negativa em positiva. Toda prestação de serviço está sujeita a ter algum erro ou problema, o mais importante é sentir que a empresa dará suporte caso algo aconteça.

- ➤ **Selos e acreditações do segmento:** Diversas associações certificam as instituições de ensino em quesitos como qualidade, treinamento, legalidade de prestação de serviço, centros certificados para aplicação de teste de proficiência, entre outros. Por isso, pesquise, por exemplo, se a instituição de ensino que escolheu é reconhecida pelo Departamento de Educação do país para o qual você está indo. As agências também têm selos e acreditações que atestam mais qualidade e compromisso na prestação de serviços.

---

[1] Adaptação no destino é composta por ações como o que os pais podem ajudar do Brasil, comportamentos positivos, como lidar com as diferenças culturais, relação com a família hospedeira, como lidar com a saudade de casa e dos amigos.

- **Fale com ex-alunos:** O que diz quem já estudou nessa instituição de ensino? São informações facilmente encontradas em pesquisas no Google, grupos de Facebook, depoimentos do Instagram, vídeos do YouTube e outras redes sociais.

- **Verificar se a agência tem cadastro no Cadastur:** A intermediação da venda de turismo educacional é atividade privativa das agências de turismo, conforme a Lei nº 12.974/2014, Art. 3º, Item 5 V: organização de programas e serviços relativos a viagens educacionais ou culturais, e intermediação remunerada na sua execução e comercialização. Por isso, desconfie se a empresa que está contratando não tem o cadastro no Cadastur.

- Infelizmente, no mercado de intercâmbio muita gente já se prejudicou com agências ou escolas de idiomas que fecham repentinamente, ficando sem a viagem contratada ou até mesmo sem o reembolso do valor pago. Devido ao tempo e aos custos envolvidos, muitos desistem e não levam adiante um processo jurídico para ressarcimento do dinheiro e indenização por danos morais sofridos.

- **Multas contratuais e cancelamentos:** Leitores, precisamos aprender a ler contratos! De novo, precisamos aprender a ler contratos. Por alguma razão misteriosa, a maioria de nós não gosta ou tem preguiça de ler contratos. Essa parte chata é muito importante. Todo contrato tem multas. No caso do intercâmbio, elas podem variar conforme o país de destino, a escola contratada e a agência. Em caso

CONTEÚDO EXTRA!

No site do livro, separamos as principais associações do setor e o site Cadastur para você poder consultar.

de cancelamento, pode existir também uma multa calculada de acordo com a antecedência em que você o solicita. Muita gente imagina que cancelamentos são simples e o reembolso vem rápido. Pura ilusão! Cancelamentos são burocráticos e reembolsos, lentos, podem demorar mais de 30 dias no caso de cursos de idiomas e até 90 dias para passagens aéreas. Muitas vezes, o valor pago pela acomodação não é reembolsado, nem mesmo ao pedir o cancelamento com bastante antecedência.

Outro ponto importante é que a maioria das escolas não reembolsa nada após o início do programa; ou seja, pagou por um ano de High School e resolveu voltar antes? Sem reembolso. Pagou por seis meses de curso de idioma e desistiu no meio do caminho? Não há reembolso. Por isso, a decisão de fechar um intercâmbio deve ser muito bem pensada e você deve considerar se está em um bom momento emocional, financeiro e profissional. Eventuais problemas durante a viagem, que envolvam questões de saúde ou morte de familiares, situações em que o estudante precise retornar ao Brasil, serão tratados individualmente pela escola. Nesses casos, há mais chances de algum reembolso, mas, ainda assim, nenhuma garantia. Caso durante o seu intercâmbio você considere que algum dos itens contratados não foi entregue de acordo e não consiga resolver o problema diretamente com o fornecedor contratado, pode ser necessário entrar com um processo judicial para a resolução do caso.

A pandemia do coronavírus, que afetou o mundo todo, é um exemplo de situação de força maior que precisou de adaptação dos estudantes que já estavam viajando e dos fornecedores de viagens e intercâmbios. Por exemplo, instituições de ensino tiveram que mudar para aulas online e alguns estudantes que estavam no exterior tiveram que optar por retornar ao Brasil antes do término do programa ou permanecer no destino em quarentena. Ou seja, o impacto de toda essa crise na vida dos estudantes teve que ser tratado individualmente. No momento em que escrevemos este livro, não havia ainda uma clareza se esse tipo de situação seria incorporada

ENTENDENDO AS ETAPAS LEGAIS E BUROCRÁTICAS DE CONTRATAÇÃO E MATRÍCULA **181**

nos contratos. Por isso, fica o nosso alerta de você questionar os fornecedores sobre como tratam multas, adiamentos ou cancelamentos em situações extremas como a que vivemos.

› **Contratos:** Novamente, variam de acordo com o tipo de intercâmbio e instituição de ensino. Dependerá também se for contratação direta ou intermediada por uma agência. Pode ser um contrato único, com todos os itens do intercâmbio, ou podem ser contratos separados. Exemplo: um contrato para a escola/curso, um contrato para a acomodação, um contrato para o seguro viagem, um contrato para passagens aéreas. No caso de contratos separados, fique atento, pois as multas de cancelamento podem ser diferentes. No caso de agências, como são a intermediadora do intercâmbio, todos os contratos são celebrados com elas, ou seja, no CNPJ e na razão social delas. Como explicamos no item "Arbitragem", deste capítulo, tenha atenção à contratação de serviços e fornecedores diretamente no exterior, pois eles não estarão sob regras e leis brasileiras.

Abaixo, seguem algumas dicas dos pontos para os quais você deve se atentar nos contratos:

→ Antes da viagem

☑ Qual é o prazo para informar um cancelamento e quais as multas e valores que serão retidos?

☑ Quais valores serão reembolsados em caso de visto negado?

☑ É cobrada alguma taxa em caso de alteração de data de início do curso, cidade ou duração do programa?

☑ Qual é o prazo para pedir as alterações sem cobrança de multas ou taxas?

→ Durante a viagem

☑ Quais valores são reembolsados em caso de desistência após o início do curso?

QUEM ASSINA O CONTRATO

Menores de 18 anos precisam de um responsável maior de idade para assinar o contrato.

Maiores de idade podem assinar seus próprios contratos.

→ Outras dúvidas comuns no momento de fechar o contrato

- **Posso me inscrever e depois decidir a data do curso?** Não, a data de início do curso deve ser definida no momento de assinar o contrato. Mudanças posteriores, geralmente, incidem em taxas extras para alteração de data. Leia o contrato.

- **Preciso quitar todos os pagamentos antes da viagem?** Toda forma de pagamento que pode gerar inadimplência e maior risco para a agência precisa estar quitada antes da viagem. Exemplo: boletos bancários. Toda forma de pagamento que seja um financiamento bancário ou cartão de crédito não necessita estar quitado antes da viagem, uma vez que o banco ou a operadora do cartão garantem o pagamento para a agência. No caso do ensino superior, pode haver necessidade de pagamento de um semestre ou um ano adiantado, mas também há universidades que aceitam parcelamento, e esse acordo é celebrado em contrato.

- **Seguro viagem com cancelamento pré-embarque:** Algumas agências têm parcerias com seguradoras que oferecem um seguro viagem que inclui cobertura em caso de cancelamento ou adiamento do intercâmbio antes do embarque. O valor da cobertura pode variar conforme a agência e a seguradora. Novamente, analise bem as coberturas oferecidas e as situações previstas para decidir o seguro ideal para você.

Pode parecer que todos esses itens que mencionamos são muito complexos e parte de uma burocracia difícil de entender. A nossa intenção neste capítulo foi ajudá-lo a ter muito mais domínio e segurança sobre essa etapa do planejamento do intercâmbio e, assim, ter uma viagem mais tranquila, pois, ao participar, de todo o processo, você saberá quais são todos os direitos e as obrigações contratuais.

Agora que você assinou o contrato do seu intercâmbio, já pode começar a pensar no que levará na mala. Quantos quilos você pode levar? O que levar? No próximo capítulo, vamos fazer as malas juntos, com muitas dicas para você não se esquecer de levar nada importante e saber também o que não é preciso e só vai pesar.

FAZENDO AS MALAS

FAZENDO AS MALAS

10

São tantos os detalhes na organização do intercâmbio, que só sobra tempo para pensar no que levar na mala quando já é véspera da viagem, e aí começa o desespero. O que levar? Com quantas malas viajar? Quanto custa para despachar uma bagagem extra? Qual é o peso permitido pelas companhias aéreas?

Neste capítulo, vamos ajudá-lo a organizar sua mala e o principal: você aprenderá a viajar leve. A tendência é achar que precisará de coisas de que na verdade não precisará. Exagerar na quantidade de roupas e sapatos é o erro mais comum. E carregar peso durante a viagem, malas pesadas ou muitas malas será um grande arrependimento depois, isso sem contar o quão cansado vai ficar ao carregar tanto peso em aeroportos, estações de trem e lugares sem elevador ou escada rolante.

A primeira coisa antes de começar a arrumar as malas é verificar o clima do destino durante o período do intercâmbio.

A consultora de moda Erica Minchim vai além e alerta:

"É importante checar a sensação térmica e as condições do lugar para onde você está indo. Dependendo do vento e da umidade do local, você sentirá mais ou menos frio ou calor. Alguns lugares também são mais bem planejados do que outros em termos de refrigeração e aquecimento central, por exemplo. Aqui em Portugal, onde moro, é normal ver pessoas com seus casacos "de rua" dentro de ambientes fechados — o que seria impensável em outros lugares mais frios, como a Irlanda, em que esses locais normalmente são aquecidos."

A segunda dica é que, antes de sair abrindo o guarda-roupas, vale a pena montar uma lista de tudo o que você quer levar e as quantidades de cada coisa.

As dicas deste capítulo valem para malas de viagem de duas semanas a um ano. Isso porque a quantidade e o peso permitidos de bagagem despachada para voos internacionais é uma mala de 23kg por pessoa, com poucas exceções de companhias aéreas que ainda permitem aos brasileiros duas malas de 32kg por pessoa. Isso pode variar também conforme a classe da tarifa da passagem: econômica, executiva ou primeira classe.

Outra coisa para se atentar é se você terá voos internos no país do seu intercâmbio, por isso, veja as regras de bagagem do seu bilhete no momento da compra. Vale lembrar que, se você for usar outro meio de transporte além do aéreo para chegar ao destino do seu intercâmbio, como metrôs, trens, balsas, ônibus, entre outros, terá que carregar toda a sua bagagem por conta própria.

Em outras palavras, independentemente do tempo da sua viagem, se serão duas semanas ou um ano, o peso e a quantidade de bagagem permitida serão o mesmo. Você também lavará roupa quando estiver no intercâmbio, então não faz sentido levar 30 blusas, 15 calças ou 10 sapatos.

Voltando às passagens: tem as que já incluem as duas bagagens despachadas, outras, só uma e outras, nenhuma. Além dessas bagagens que irão no porão do avião, você tem direito a outra bagagem de mão, que pode ser uma mala pequena ou mochila e mais um item pessoal, por exemplo, uma bolsa. O peso e as medidas da bagagem de mão variam conforme a companhia área, mas são aceitas, em média, bagagens que pesem entre 8kg e 10kg, nas medidas de 45cm de altura por 35cm de largura por 20cm de profundidade. Pra facilitar a conta, todos os lados somados devem dar até 100cm. Porém, como as companhias áreas estão sempre mudando as regras, verifique sempre no site oficial as medidas vigentes para as malas de mão.

O preço de uma bagagem extra pode variar muito. A companhia pode cobrar um valor extra para cada quilo que sua mala ultrapassar do limite, ou, se você quiser realmente despachar uma mala extra (terceira mala), prepare-se, pois os valores são altos, podendo chegar a US$250.

Eu, Carol, costumo viajar com malas que pesam em média 15kg na ida e entre 21kg e 22kg na volta. É sempre bom deixar esse espaço, pois sempre compramos algo quando viajamos. Se você já viajar com as malas no limite do peso, não poderá comprar muita coisa ou gastará com mala extra. Eu, Marina, já tive que deixar roupas e sapatos para trás por não caberem na mala. E, acredite em nós, 23kg é muita coisa.

> **DICA** ↓
>
> Evite viajar com objetos de valor financeiro ou sentimental. Por exemplo: joias, relógios, óculos e perfumes caros. Pode ser que tenha sido um presente de alguém especial, herança de família ou algo que você lutou muito para comprar. Viaje com itens que não lhe causarão uma preocupação excessiva ou um prejuízo que possa afetar o aproveitamento do seu intercâmbio se forem perdidos, roubados ou estragados.

Levar na mala alguns itens mais usados que você pode doar ou jogar fora se não estiverem em bom estado pode ser uma boa estratégia para quem for viajar no frio e precisa se vestir em camadas. Essas peças poderão ser substituídas por peças mais novas caso você compre algo e precise equilibrar o peso da mala na volta. Essa foi a tática que eu, Marina, acabei usando para deixar peças para trás.

Quanto aos eletrônicos, leve essencialmente o que de fato você usará. Para cursos de idiomas de curta duração (um mês), não é necessário levar notebook, pois as escolas têm salas com computadores. Para outros cursos, de média e longa duração, converse com a instituição de ensino ou agência para saber se é necessário ter um notebook ou algum outro eletrônico como apoio, por exemplo, para cursos de fotografia ou arquitetura, em que uma câmera fotográfica e softwares específicos podem ser exigências.

Lembre-se de que todo objeto eletrônico deve ser levado na mala de mão. Se você colocar algum eletrônico na mala despachada, e, durante o voo, ele sofrer alguma avaria, você terá um longo processo com a companhia aérea para tentar conseguir algum reembolso.

INTERCÂMBIO PARA TODOS

Convidamos Érica Minchim, consultora de moda e criadora do curso Guarda-Roupa Móvel, para uma entrevista sobre malas de viagem.

Qual é o erro mais comum das pessoas na hora de fazer as malas para viajar?

O erro mais comum é o desconhecimento do próprio guarda-roupa. O processo de montar uma mala legal (independentemente do tamanho) começa com o conhecimento do nosso armário.

Por exemplo, se a gente não se lembra direito daquilo que tem, não sabe como fazer as peças combinarem e passa mais tempo usando as roupas que vão se amontoando em uma cadeira do que as que estão dobradas ou penduradas, a mala tem enormes chances de dar errado.

Especialmente para quem vai fazer um intercâmbio, a minha sugestão é começar a arrumação da mala por uma geral no armário, reconhecendo o que está guardado.

É essencial conferir cada peça, inclusive as roupas íntimas, respondendo algumas perguntas, como:

1. A peça ainda representa sua personalidade?
2. Ela se enquadra nos seus objetivos de vida e espaços pelos quais transita?
3. O caimento é bom mesmo ou precisa de ajustes?
4. O material ainda está em bom estado?

Essa manutenção é importante, porque, às vezes, deixamos a mala por último, fazendo aquele cálculo mental com algumas peças de que gostamos e então descobrimos na véspera da viagem que tem uma blusa com um furo irreparável, uma calça que não serve mais e outra que precisa de uma troca de botões. O estresse de ter que repensar as roupas acaba sendo maior do que o necessário.

Isso quando a pessoa não baixa uma lista na internet e descobre que não tem 3 de 10 peças e sai para comprar sem se dar conta de que 2 outras do armário poderiam ter cumprido a mesma função.

Essa arrumação ajuda a entender como as peças combinam e podem funcionar entre si. Então, recomendo que os intercambistas segurem a ansiedade e comecem abrindo seus armários.

Depois da limpeza geral no armário, como selecionar as peças para a viagem?

É legal ter uma ideia do tipo de rotina que você pretende ter e dos passeios que pretende fazer.

Muita gente cai no senso comum de levar as peças para "caso pinte um programa", mas, se a gente fosse contar com todas essas possibilidades, ninguém sairia de casa.

Não adianta contar com a ideia de fazer uma trilha naquele parque natural impressionante se você é o tipo de pessoa que não costuma ir até a esquina sem pegar o carro. Ou com uma grande ida àquele lugar chique se você está com o orçamento contado para passar o tempo com outros estudantes com verba igualmente limitada.

Por isso, vale pensar com sinceridade nos objetivos que você tem para esse intercâmbio, as coisas que pretende fazer e conhecer, as pessoas com as quais pretende interagir e pensar a sua mala de acordo com esses aspectos. As roupas devem trabalhar pelos nossos objetivos.

Quais cuidados você recomenda ter com as roupas que serão levadas do Brasil e com as que serão compradas durante o intercâmbio?

É importante ler as etiquetas de cuidados das peças que você está levando, para ter certeza de que elas aguentam lavagem em máquina e secagem na secadora, caso varais não sejam comuns no seu destino. Em muitos lugares, também não é comum ter área de serviço, e, se você precisar lavar uma peça mais delicada na mão, terá que usar o chuveiro ou a pia da cozinha.

Em todas as culturas, nossas roupas sempre podem causar um efeito positivo ou negativo. Como você analisa essa questão?

Vale pesquisar sobre a cultura local para ver os costumes, os níveis de formalidade esperados em alguns espaços e ter uma ideia do quanto precisará se adaptar.

A imagem é uma comunicação não verbal. Cada linha, forma, cor, textura e informação visual que vestimos comunicam alguma coisa (isoladamente e dentro do conjunto) antes mesmo que a gente abra a boca. Eu brinco que a imagem é a maior fofoqueira que existe, porque, se a gente fechar a boca ou os olhos, ela continua contando algo para o mundo.

Andar nu é um depoimento. Usar uma burka também, assim como todas as possibilidades entre esses extremos. O melhor é entender como a roupa que você escolhe pode servir como um facilitador das interações em cada ambiente.

Pesquisar sobre a cultura local não é deixar de lado seu estilo, mas ter noção do quanto você precisará adaptar a sua imagem para se inserir em alguns ambientes.

A minha dica favorita para descobrir sobre lugares mais específicos é abrir a geolocalização do Instagram e pesquisá-los. Vale procurar a escola em que você estudará e ver que roupas as pessoas estavam vestindo nas fotos que foram postadas. Faça isso com aquele bar que você já sabe que fica ao lado da sua futura casa, com o café bonitinho e com o que mais você quiser frequentar.

Isso dará uma boa ideia dos níveis de formalidade para se vestir, de forma que não fique a mais ou a menos. O segredo de uma mala boa é pesquisar antes, e aproveitar e adaptar as peças durante.

Poderia nos dar um exemplo mais detalhado de como as combinações podem trabalhar a nosso favor na hora de fazer as malas?

Vamos supor que uma pessoa tenha uma viagem de um mês em clima ameno e que terá algumas manhãs por semana para bater perna pela cidade, passar as tardes estudando em uma instituição mais informal e, em pelo menos duas noites, planeja jantar ou participar do happy hour em um bar mais descolado.

Para mulheres, um vestido informal com tênis pode ser usado tanto nas aulas quanto para bater perna e ainda ser adaptado por uma troca de calçado, uma maquiagem mais produzida e talvez um acessório mais elaborado para um dos jantares.

Sendo homem, poderia trocar a camiseta por uma camisa e, dependendo da situação, ainda preservar o calçado.

Se você contar com um estágio, reunião ou outra situação profissional que peça um código de vestuário mais formal, e também com algumas baladas, a ideia da adaptação também valeria.

Se for mulher, uma mesma calça ou uma saia lápis do trabalho podem ser aproveitadas para uma casa noturna, se você trocar a camisa por uma blusa com um decote mais generoso ou por um material mais transparente e escolher acessórios mais festivos.

Se for homem, provavelmente conseguirá trocar o paletó por uma jaqueta ou a camisa por uma malha menos formal.

Por falar em camiseta, uma camiseta de malha também poderia diminuir a formalidade de um terninho ou outra peça de alfaiataria, inclusive servir como elemento de transição do aspecto formal do terninho para a informalidade de um par de tênis.

> **DICA**
>
> O armário de transição é excelente para estudantes que morarão por um tempo menor em um local e depois se mudarão para outro, definitivo. Assim como para *Au Pairs* que ficam hospedadas em um hotel quando chegam aos EUA para treinamento, antes de encontrarem as famílias.
>
> No site do livro, é possível encontrar mais dicas para ajudar a fazer as malas.

O que é elemento de transição?

É como chamo o melhor truque para conectar peças de diferentes formalidades, cores, funções ou informações visuais.

A ideia do elemento de transição é que entre duas ou mais peças haja uma informação em comum.

Por exemplo, ao misturar estampas diferentes, você pode ter uma mesma cor funcionando como elemento de transição. Ou, ao misturar uma calça jeans com um blazer, você pode ter um material menos rígido, como um linho mais poroso, por exemplo, como elemento que conecta a informalidade da calça com a formalidade da modelagem do casaco.

O elemento de transição pode ser um detalhe ou uma peça inteira. Entre uma saia e uma blusa aparentemente diferentes, você pode ter uma faixa estampada na cintura conectando informações de materiais, cores ou formalidades diferentes.

O mesmo vale para os acessórios. É possível usar uma pulseira colorida com pontinhos dourados e prateados para juntar uma pulseira prateada com outra dourada.

As possibilidades são infinitas quando você trabalha com a ideia desses pontos de conexão entre diferentes peças.

Uma mala com muitas peças "coringas", aquelas conhecidas por ficarem boas em diversas situações, pode ser uma boa solução?

Apesar do senso comum ditar que você precisa ter peças neutras, as famosas *"peças coringa"*, e, portanto, abrir mão das cores e estampas, quero lhe contar que você não precisa deixar a sua personalidade de lado quando escolhe as roupas para uma viagem (ou qualquer outro lugar).

Tenho algumas ressalvas com essa ideia, porque o conceito é importante, porém distorcido.

Acredito, sim, na versatilidade das peças. Mas sou totalmente contrária à ideia de que existe um tipo de roupa que funcione para todo mundo.

Mesmo uma calça jeans pode ter detalhes diferentes para cada pessoa e ainda ser completamente dispensável para outras — eu sequer tenho uma desde 2016.

O caso é que o coringa genérico não funciona muito bem nem no baralho — canastra com coringa vale menos no jogo de Buraco, por exemplo. E, mais do que uma roupa genérica, você precisa de uma peça que combine muito bem com você e, consequentemente, com o resto do seu armário.

Por anos, a minha peça coringa foi uma calça verde. Depois, uma calça pink. Hoje, esse conceito se divide entre uma calça quadriculada e uma outra calça verde (de um tom de verde diferente da primeira, diga-se de passagem).

Em 2018, você se mudou do Brasil para Portugal. Conte para nós como foi fazer essa mala.

Quando fiz a mudança, o meu armário coube em uma mala. Isso sem abrir mão de cores, estampas, brilhos e de todas as peças que mais me representam — e, embora eu entenda que essa mala foi fruto de um processo de autoconhecimento, quero que você saiba que não sou especial. E também que a minha relação com as roupas nem sempre foi assim.

Na minha primeira viagem internacional, nove anos antes da mudança, voltei com tantas coisas que até um manequim de costura foi enfiado dentro de uma das malas. Não recomendo, nem me or-

FAZENDO AS MALAS **193**

gulho, mas conto isso para que você saiba que, independentemente do seu ponto de partida, uma mala funcional não exclui seu estilo.

Ainda hoje há pessoas preocupadas em não repetir roupa no dia a dia. A febre das blogueiras, sempre postando roupas diferentes, pode gerar uma frustração em muitas pessoas. Como escapar desse ciclo?

A obrigatoriedade de não repetir roupa vem de uma lei protecionista da corte francesa de séculos atrás, ou seja, um contexto completamente diferente do nosso.

Nem quem teoricamente poderia *"variar as roupas"* o faz com essa frequência toda.

Kate Middleton e Michelle Obama são apenas alguns nomes, para exemplificar.

Outro exemplo que figura nessa lista é Anna Wintour — menos conhecida para quem não está inserido no mundo da moda —, é editora da Vogue América (a revista mais importante da área no mundo) e tem acesso a praticamente tudo o que quiser vestir. Ainda assim, repete as roupas com as quais mais se identifica, sem o menor pudor.

Quando falamos de clima, há a famosa frase: "É melhor levar um casaquinho." Quando você acha que devemos incluir um ou mais casaquinhos na mala?

Isso vem muito da cena clássica da mãe pedindo para levarmos um casaco quando saímos. E, bem, todas as vezes em que a gente desobedeceu a esse conselho, o tempo virou. Hoje, você já não quer mais sair de casa desrespeitando a sabedoria universal do casaquinho, seja você mulher ou homem.

Por isso, é importante entender as variações climáticas durante o período em que você for viajar, mas não deixar que o medo dos climas-surpresa, daquele calorão ou frio fora de época, faça você levar muitas coisas a mais.

Até porque dificilmente as variações serão tão extremas ao ponto de fazer nevar no meio do verão.

Se esfriar do nada durante uma viagem de verão, uma meia-calça, que não ocupa tanto espaço na mala, poderá ser usada por baixo do seu vestido, e uma jaqueta e um lenço ajudarão a dar conta da temperatura. Essa mesma meia pode ser usada por baixo de uma calça, caso esfrie ainda mais e as suas calças tenham um tecido mais leve.

A oferta de tecidos e roupas com mais tecnologia, seja para o frio, seja para o calor, cresceu bastante. Há cada vez mais roupas para determinados climas. Qual é sua dica para quem não entende muito do assunto?

Esse é um assunto mais extenso, que pediria um livro à parte, mas, em linhas gerais, tecidos de fibras naturais, como algodão, linho, seda e lã, têm uma capacidade de conforto e isolamento térmico maior do que os de fibras sintéticas, como o poliéster e a poliamida. Os de fibras artificiais, viscose, lyocel e modal, ficam no meio do caminho. Essas informações são encontradas nas etiquetas das roupas.

Fibras podem ser misturadas entre si, e suas funções variam de acordo com as suas necessidades — e também com a sua vontade em passar as roupas, já que as naturais, infelizmente, amassam mais. Mas é importante ter em mente que, quanto maior a quantidade de fibras naturais, melhor o conforto térmico.

A fibras naturais não são aconselhadas para quem pretende fazer uma prática esportiva, como esquiar, correr etc. Nesse caso, a umidade retida no corpo pode diminuir a capacidade térmica da peça, e, por isso, as fibras sintéticas são melhores.

E, se o assunto for proteção contra a chuva, a fibra natural não será tão eficiente, e sua roupa precisará de uma camada externa que seja, no mínimo, resistente à água.

No caso dos casacos de frio, as fibras sintéticas até podem funcionar no forro, por exemplo, mas é necessário um volume muito maior (portanto, muito mais pesado e espaçoso) para dar conta da mesma capacidade térmica que uma pluma mais leve conseguiria.

É muito comum as pessoas quererem levar uma mala vazia para comprar muitas coisas no destino. O que você acha dessa tática?

Todo mundo já escutou como é melhor e mais barato comprar roupas fora do Brasil ou imaginou que, como a diferença entre o clima da sua cidade de origem e o local para onde está indo é muito grande, talvez seja melhor comprar um armário novo por lá. Mas isso pode ser uma cilada. A verdade é que depende!

Você passará só o tempo desse intercâmbio ou planeja fazer várias outras viagens para climas similares depois?

Quanto tempo sua viagem durará? Ainda que agora você esteja planejando ficar por pelo menos seis meses, pode ser que faça outras viagens mais curtas depois.

Também é importante retomar a pesquisa sobre o clima. De quanta diferença climática estamos falando?

Se for uma questão de poucos graus, é bem possível criar truques com peças que não serão inutilizadas depois. Por exemplo, apostar em malhas térmicas para usar por baixo das roupas que você já tem, usar sobreposições e adaptar acessórios.

Por exemplo: palmilhas de lã podem ser colocadas em botas que não são tão quentinhas e funcionam bem em clima frio, mas sem neve. Para neve, são necessárias botas especiais.

E, se for o caso de comprar uma peça nova, vale investir em alguma que permita essas possibilidades e que tenha um material de capacidade térmica mais versátil, tanto para o verão quanto para primavera/outono, as chamadas "meia-estações".

Já se você está indo pela primeira vez para algum lugar que pede um vestuário muito específico, tipo roupa de

PENSE NISSO!

Se o seu intercâmbio incluir a possibilidade de trabalho, vale a pena colocar na mala uma roupa mais social para quando for entregar currículos e fazer entrevistas. Não precisa ser uma roupa muito formal, como um terno ou camisa social. Para os homens, basta uma camiseta polo e um sapato que não seja um tênis muito esportivo, por exemplo. Para as mulheres, pode ser um vestido básico de tons neutros ou uma calça social que possa ser usada com qualquer blusa e aparente ser uma roupa mais profissional. Também não se preocupe com salto muito alto. Uma sapatilha, bota, sapato ou sandália de salto médio já resolvem.

neve, vale considerar alugar essas peças em algum guarda-roupa compartilhado ou mesmo pegar emprestado de alguma amiga ou parente que as tenha paradas no armário.

Dependendo do destino, o próprio lugar oferece essa estrutura de aluguel de peças específicas.

O fato é que essas peças costumam pedir um investimento mais alto e, a menos que você esteja mudando de país e planeje ficar bons anos, no mínimo meses, não vale a pena comprar logo de cara. Imagine que você vá uma vez, descubra que odeia esse clima tão extremo e decida não repetir a experiência?

Algumas dessas roupas podem custar uma passagem de avião!

Imagine ter uma viagem a menos pendurada no seu armário?

Pois é, não tem resposta certa aqui também. É necessário avaliar seu caso com carinho, mesmo porque comprar fora não é garantia de comprar bem.

Tenho várias alunas que fizeram meu curso Guarda-Roupa Móvel depois de uma mudança de país e contaram sobre como compraram peças erradas no seu destino usando a lógica da diferença de temperatura.

Uma delas passou anos com o mesmo tricô que não esquentava nada até descobrir que ele era de acrílico, ou seja, mesmo sendo vendido em um país de clima consideravelmente mais frio, não tinha capacidade térmica nenhuma.

Para além das questões climáticas e técnicas das roupas, tem uma questão de estilo e qualidade das peças que vale considerar. Uma dica é pesquisar nas lojas virtuais para ter uma ideia. Talvez você descubra que algumas peças podem ser melhores no Brasil.

No exterior, o tamanho das peças também é diferente. Como encontrar o nosso número quando viajamos?

É importante entender o tamanho das roupas no seu local de destino. Recomendo sempre que a roupa seja provada antes da compra. A numeração de roupas é um assunto complexo, que varia demais de acordo com o país e a estrutura física da população local. Na Espanha e em Portugal, por exemplo, um L (large/grande) de algumas lojas equivale ao M (médio) da mesma loja no Reino Unido, nos EUA e no México. Se você é baixinha e vai morar em um país de pessoas altas, pode ter dificuldade na compra de algumas roupas, e vice-versa. Por isso, fazer esse tipo de pesquisa antes da viagem é útil para que você decida se precisa comprar algumas roupas e, assim, evite frustrações quando chegar ao destino.

Érica, para finalizar, qual é sua última dica e algo que você percebe com frequência que as pessoas não fazem antes de viajar?

Planeje o que chamo de *"armário de adaptação"*.

Se a viagem não for turística, e a pessoa precisar lidar com algumas burocracias tanto nos seus últimos dias no Brasil quanto nos primeiros no destino, separar algumas peças para que sejam usadas nesses dias mais corridos poupará de ter que revirar a mala ou ter que a fazer de novo.

Isso evita muito aquela situação de descobrir que uma roupa que você usou na sua despedida e colocou para lavar é uma peça importante na viagem.

A quantidade de peças para essa transição depende muito das atividades esperadas. Em quanto tempo você estima cuidar dessas questões?

Se der para resolver tudo em um dia, provavelmente aquela muda de roupa

DICAS ↓

- Usar cadeado padrão TSA[1]

- Levar uma muda de roupa na mala de mão — em caso de extravio ou atraso na bagagem

- Ao chegar ao destino, compre algo de valor pequeno no aeroporto para trocar dinheiro: isso é importante até você fazer o passe mensal do transporte, pois a maioria dos ônibus e metrôs só aceita o valor exato da passagem. Portanto, tenha na carteira notas de valores reduzidos e moedas para os primeiros dias.

---

[1] Modelo de cadeado aprovado pela Transportation Securuy Administration (TSA). É um cadeado de que agentes de segurança da aviação têm uma chave mestra e, assim, podem inspecionar as bagagens sem danificar o cadeado e a mala. [N. das A.]

de emergência que separamos para a mala de mão já dará conta. Se precisar de uma semana para cuidar das questões mais importantes que um intercâmbio mais longo demanda, pense nisso na hora de organizar a mala, deixando essas roupas em um canto mais acessível ou separando um organizador específico para isso.

Não existe uma fórmula certa, o melhor caminho é o que funciona para você, por isso, espero ter ajudado os leitores a analisarem a si mesmos para que tenham melhor conforto e aproveitem a viagem ao máximo!

Concluídas todas as etapas, confira agora o checklist de documentação que você deve ter em mãos para seu embarque. Você pode fazer download desses checklists no site do livro.

Idiomas — High School — Programas profissionais — Universitários

- ☑ Passaporte com validade acima de seis meses da data de seu embarque. Lembre-se de que, se seu programa for de longa duração, a validade de seu passaporte terá que ser maior que sua permanência.
- ☑ Passagens aéreas de ida e volta.
- ☑ Documento original do visto (para vistos de estudante: documento I-20 dos Estados Unidos, COE — Confirmation of Enrolment, Austrália).
- ☑ Certificado de vacina contra febre amarela (para alguns países — Austrália, África do Sul, Malta, conexão no Panamá e outros) e de alguma outra vacina exigida pelo país de destino. IMPORTANTE: Se seu voo tiver escalas, verifique também a necessidade de vacinas para esse destino; verifique no site da Anvisa as vacinas exigidas para cada destino.
- ☑ Autorização para viajar desacompanhado, para menores de 18 anos, se for o caso.
- ☑ Seguro viagem.
- ☑ Confirmação do curso e da acomodação.

☑ Confirmação do transfer e da noite extra[1], se solicitado.
☑ Telefone de emergência da escola e da acomodação.
☑ Verificação da franquia de bagagem no site da companhia aérea.
☑ Dinheiro em espécie na moeda do destino.
☑ Cartão de crédito internacional ou cartão de crédito internacional pré-pago.

Check List — AU PAIR (Programa dos Estados Unidos)
☑ Passaporte com visto.
☑ PID (Permissão Internacional para Dirigir).
☑ Endereço da família.
☑ Documento original do programa: DS2019 e Sevis.
☑ Verificação da franquia de bagagem no site da companhia aérea.
☑ Dinheiro em espécie na moeda do local de destino.
☑ Cartão de crédito internacional ou cartão de crédito internacional pré-pago.

Agora, tão importante quanto as coisas materiais é começar a se preparar mentalmente para a experiência. Os primeiros 90 dias são sempre um desafio, por isso, no próximo capítulo, vamos conversar sobre como se preparar para viver o intercâmbio da forma mais intensa possível e ao mesmo tempo equilibrada. Você saberá como funciona uma curva de adaptação intercultural e como identificar o seu perfil de intercambista. Afinal, quando se trata de morar fora, quanto menos turbulência, melhor.

-----

[1] Quando a data de check-in ou checkout é fora do padrão da escola e o estudante solicita a contratação de noites extras. [N. das A.]

O DESAFIO DOS PRIMEIROS 90 DIAS

O DESAFIO DOS PRIMEIROS 90 DIAS — 11

Finalmente, você chegou a seu destino. Depois de meses pensando, planejando e esperando, você está em um país diferente. Ninguém sabe quem é você, e você não tem nenhum conhecido na cidade. Um misto de sensações o acompanha desde a véspera da viagem: ansiedade, medo, expectativas. Sua mente imagina mil coisas boas e outras mil que podem dar errado. Por onde começar?

Neste capítulo, vamos conversar exatamente sobre esse novo começo. Tudo será novo, como temperos, comidas e frutas que você descobrirá e aprenderá a comer. Conhecer a geografia da cidade será outro desafio, aprender sobre os meios de transporte, as regras de trânsito, e, até dominar a cidade, perder-se e encontrar-se muitas vezes. O idioma, as gírias, a etiqueta social, tudo isso acontecerá ao mesmo tempo. Cada pessoa reage de maneira diferente às mesmas condições de "temperatura e pressão". Isso significa que não existe um tempo certo para você se sentir confortável nessa nova experiência. Pode ser uma semana, pode ser um mês ou três meses. Pode ser que a saudade de casa passe rápido, pode ser que você a sinta durante todo o intercâmbio. O importante é se conhecer e aprender a lidar da melhor forma com tantas emoções.

Por isso, nossa primeira dica é: viva um dia de cada vez. Se ainda no Brasil você ficar pensando em como é que você vai comprar o bilhete do metrô, você gerará uma ansiedade desnecessária. Pense que viver o intercâmbio acontece em várias etapas. Assim como você escolheu primeiro o destino, depois a instituição de ensino, depois a acomodação etc., sua viagem também será em etapas. Dividindo cada etapa, elas ficam mais leves.

Por exemplo: ainda no Brasil, não pense no primeiro dia de aula, pense em chegar ao aeroporto com antecedência, revise seus documentos, aproveite o tempo com a família e os amigos. Deixe as preocupações para quando o momento chegar. Lembre-se de que você se preparou para essa viagem.

Evidentemente, você precisa ter todos os telefones importantes na mão, como o do seguro viagem, da instituição de ensino, da acomodação. Tendo toda a documentação correta, você saberá o que fazer e para quem ligar.

Mas uma coisa é estar preparado e outra é criar problemas onde eles ainda não existem. Cada pessoa tem um ritmo de viagem, se você já se conhece, ótimo! Você saberá gerenciar melhor seu tempo livre, e organizar-se com os estudos e com as lições de casa. Agora, se o seu intercâmbio for também a sua primeira experiência internacional, esse é o momento de descobrir seu ritmo de viagem. Quanto tempo você leva para se arrumar e ir para a escola/universidade/trabalho? Qual horário do dia você sente mais disposição para estudar? Você prefere passear em um parque no final de semana ou ir a um shopping? São as situações e as decisões do dia a dia que gerarão esse autoconhecimento.

Lembrando que a sua rotina do Brasil ficou para trás, a própria cidade em que morará ditará um novo estilo de vida, o comércio funcionará em horários diferentes, hábitos do que comer no café, no almoço e no jantar também serão distintos, o modo de se locomover também será de acordo com o que a maioria da população usa, podendo ser bikes, ônibus, metrôs e, eventualmente, carro. É uma sobrecarga de informações grande, sabemos que, para algumas pessoas, entender um mapa é fácil, para outras, a mera sensação de não saber onde está pode gerar pânico. Por isso, calma.

Há diversas pesquisas sobre adaptação cultural. São estudos que monitoraram o comportamento de pessoas que mudaram para outros países. Se você tem interesse no assunto, recomendamos fazer uma pesquisa mais ampla. A busca pela expressão "cultural adaptation curve" resulta em milhares de sites e artigos do Google.

Para este capítulo, vamos conversar sobre os quatro estágios mais comuns quando o assunto é adaptação cultural. As etapas que descrevemos a seguir são baseadas no modelo de adaptação de curva em W publicado pelo casal Jeanne Gullahorn e John Gullahorn, em 1963. O casal foi um dos pioneiros na pesquisa sobre isso, e até hoje pesquisadores do mundo se debruçam sobre esse tema multidisciplinar, que envolve áreas do saber como psicologia, antropologia, sociologia, relações interculturais, entre outras.

PRIMEIRA FASE — LUA DE MEL

Ao mesmo tempo em que o desconhecido gera medo, também gera euforia. Tudo é novo, bonito. A cidade tem cores diferentes, a arquitetura dos prédios, das casas, os cheiros, as comidas e até a maneira de as pessoas se vestirem e interagirem são uma novidade. O envolvimento com a cultura local nessa fase ainda é superficial, quase como um turista que observa enquanto vai processando tantas informações. As diferenças e as similaridades com a cultura do país de origem são sentidas nessa fase. Nesse momento, é importante lembrar que uma cultura não é melhor que a outra, é apenas diferente. Do seu ponto de vista, você pode gostar mais de fazer as coisas do jeito "X", enquanto, no país em que você escolheu viver o intercâmbio, eles preferem do jeito "Y". Não existe superioridade, apenas maneiras diferentes de viver. Essa fase é chamada de lua de mel exatamente porque estamos mais abertos a aprender, motivados e com espírito cooperativo. A sensação "nada vai me parar e já me sinto adaptado" é comum nessa etapa. Quando estamos em "lua de mel", a saudade é leve, ou nem sentida. Você tem a sensação de que seus dias passam muito rápido de tanta coisa que consegue fazer. É aquela sensação de: "Nossa, como meu dia rendeu." Quanto mais ocupados estamos, menos pensamos no que deixamos para trás. O encantamento é quase constante, e, quanto mais rápido fizermos amigos que nos apoiam e se divirtam conosco, mais essa fase pode durar.

SEGUNDA FASE — CHOQUE CULTURAL

Como você se sente quando a novidade já virou rotina? Toda aquela paisagem diferente não faz mais brilhar seus olhos. Você acorda cedo, estuda, tem lição de casa, começa a ficar preocupado com o exame de proficiência que decidiu fazer antes de terminar o intercâmbio.

Sente que tudo é caro (em oposição às primeiras semanas: "Nossa! Aqui é muito mais barato que o Brasil"). Questiona se fez bem em viajar no inverno a cada vento cortante. Questiona se fez bem em viajar no verão quando encontra as ruas, lojas e lugares que gosta de frequentar lotados de turistas, o transporte público cheio e os preços (ah, sempre os preços!) nas alturas. Você se sente sobrecarregado, cansado de ter que resolver tudo sozinho. Pequenos acontecimentos se transformam em situações altamente estressantes. Costumamos usar a expressão: "É quando uma pedra se transforma no Everest" e você sente que não vai conseguir escalar. Você tem que limpar seu quarto na casa de família, tem horário para chegar, horário para jantar, horário para acordar, percebe que: "Eles colocam pimenta em tudo!" Estereótipos e preconceitos podem emergir, você pode sentir que as pessoas locais são arrogantes e frias. Você se sente frustrado e procura seus amigos brasileiros, sua casa longe de casa. O nome de tudo isso, além de choque cultural, é "homesick", em tradução literal, "doente de casa", ou seja, em bom português, você está com saudade, muita saudade do Brasil, da sua família, dos seus amigos, de sua cama etc. E, para piorar, sua mãe lhe mandou foto no WhatsApp com a família inteira reunida no churrasco de aniversário da sua avó. E na foto ainda apareceu a mesa com picanha, farofa, maionese, vinagrete, pão francês, arroz, salada verde, pão de alho e uns três tipos de sucos naturais, daqueles que você tem certeza de que foram feitos com frutas frescas compradas de manhã na feira. E você sozinho, vivendo de cereal, do outro lado do mundo. Ninguém entenderá sua tristeza ou desânimo, exceto seus amigos que estão passando pela mesma situação. Você ouvirá: "Como assim tá reclamando de _____ (coloque aqui o destino)?" "Deixe de frescura e aproveite seu intercâmbio", também será algo que ouvirá. Identificar que você está "homesick" é importante para adotar estratégias e sair dessa.

Hoje em dia, há uma pressão social para estarmos bem o tempo todo e, quando viajamos, então, parece que piora. Viajar para o exterior ainda é um privilégio no nosso país, e, nesse contexto, há uma pressão ainda maior para demonstrarmos felicidade sempre. Mas, calma aí! Vamos combinar que sentir saudade e ficar triste um pouquinho, uns dois dias, um final de semana na frente da televisão, faz parte do intercâmbio. Só não pode passar muito desses dois dias, ok? Senão vamos ficar preocupadas. Fora isso, não desista ainda. Não desista agora. Você questionará sua decisão de fazer o intercâmbio. Mães e pais que estiverem lendo este livro, não tragam seu filho de volta. Prometemos que essa fase passará.

TERCEIRA FASE: RECUPERAÇÃO

Na terceira fase, as coisas começam a fazer sentido de novo. Você percebe que não está mais tão sensível e irritado. Reconhece algumas conquistas mesmo dentro das poucas semanas desde que você chegou. A polaridade entre a lua de mel, em que "tudo aqui é muito melhor", e o estranhamento do choque cultural, em que "tudo aqui é muito pior", foi se dissolvendo e se transformando em um sentimento mais estável. A cultura local já é familiar, você começa a ver que existe uma lógica no jeito de ser daquela cidade e daquelas pessoas, reconhece e passa a admirar seus valores. Você inclusive já ri de piadas que achava sem graça por não entender o contexto. O sentimento da solidão dá uma trégua. Você tem os amigos com os quais divide o apartamento ou criou um vínculo especial com a família com a qual mora. De repente, você começa a achar estranho a maneira como fazia as coisas na sua cidade de origem. Você já se integrou de tal forma à cultura local, que, sem perceber, adotou hábitos e até gosta da maneira como eles vivem. Agora, jantar o que consideramos comida de verdade (arroz, algum tipo de carne e legumes) e almoçar um sanduíche faz todo o sentido para você. Desde que você chegou, já se passaram alguns meses, e a consciência de viver o presente e aproveitar ao máximo o tempo que lhe resta é seu sentimento dominante. A adaptação gradual ainda gera momentos de altos e baixos, mas você lida melhor com eles. Você aprendeu a rir das adversidades, de você mesmo e dos erros, pois sabe que tudo é experiência e história para contar. Como você já passou pelas fases iniciais, de emoções mais intensas, agora curte um momento de aprendizado profundo. Você enxerga mais possibilidades na sua vida de estrangeiro, e o mundo definitivamente não é mais como você pensava ser, depois desse intercâmbio.

QUARTA FASE: AJUSTAMENTO

De repente, você se sente canadense, australiano, inglês, norte-americano... Agir como os locais é natural, afinal, você se ajustou à cultura local. Finalmente, você se sente em casa. Já sabe identificar as diferenças e as similaridades com seu país de origem, mas isso não o afeta mais de um jeito negativo. Você sente que está adaptado, vive, estuda e trabalha em todo o seu potencial. Nesse período, aprendeu a balancear os pontos de admiração e de crítica da nova cultura. Sabe o que acontece nesse momento? Quando tudo parece conspirar a seu favor? Chega o momento de voltar. De olhar a data da passagem aérea, pensar novamente em fazer as malas, listar coisas para resolver antes de partir, marcar festas de despedida dos amigos. E, principalmente, começar a se preparar para sentir tudo de novo quando você voltar. Todas essas fases de adaptação tendem a acontecer no seu retorno para casa, é a segunda parte do modelo em W.

A SUA HISTÓRIA É ÚNICA

Já falamos algumas vezes neste livro que cada intercâmbio é único, pois cada um o vive da sua maneira. O mesmo acontece nessas etapas de adaptação. Vamos compartilhar um pouco de como foram nossas experiências de adaptação cultural durante nossos intercâmbios.

Eu, Carol, no meu intercâmbio mais longo, de um ano nos Estados Unidos, senti bastante a etapa da lua de mel. A chegada a Nova York, as primeiras amizades, o encontro com a família com que eu moraria. Como eu estava feliz por vivenciar tudo aquilo! Eu via beleza em todos os lugares e achava as pessoas gentis e educadas. Já minha fase de choque cultural foi bem sutil, não tive problemas como ficar *homesick* a ponto de questionar minha decisão de ter ido viajar. Havia muitas coisas no modo de viver dos norte-americanos que eram bem diferentes daquilo com que eu estava acostumada, mas um pensamento me ajudou a aceitar mais rápido essas diferenças e a não bater de frente com elas: pensava sempre que tudo ali seria temporário — deveria aproveitar ao máximo as coisas boas; e as coisas de que eu não gostava ou com as quais não concordava, lembrava sempre que também era uma situação temporária. Olhando para trás, passei a maior parte do meu intercâmbio na terceira e na quarta fases.

O DESAFIO DOS PRIMEIROS 90 DIAS **207**

Já eu, Marina, fiz um intercâmbio de curta duração na modalidade Work and Travel, de 4 meses nos EUA, e também algumas viagens para cursos executivos de 15 dias. No intercâmbio de Work and Travel, senti uma dificuldade de me encaixar e de entender o idioma nas duas primeiras semanas, era como se eu fosse um peixinho novo no aquário de aclimatação. Estava nos EUA, mas ainda tinha uma barreira muito grande no entendimento do idioma falado na vida real, diferente do aprendido em escolas e cursos. Depois de 15 dias, essa barreira se quebrou, e passei a entender tudo com mais fluidez, como se tivesse sido transferida para o "aquário principal". Nos meus cursos de curta duração, tive que fazer um esforço maior para me sentir adaptada mais rápido, pois tinha menos tempo para absorver todo o conteúdo do curso. Como eu já tinha vivências anteriores no exterior, pulei a fase sem racionalizar o que estava sentindo. Pulei direto do "saquinho" para o aquário e saí nadando!

Como você se sentirá e se adaptará, você só saberá quando o momento chegar. Você poderá sentir as quatro fases — lua de mel, choque cultural, recuperação e ajustamento — de forma intercalada, poderá sentir todas em momentos bem demarcados ou até mesmo sentir poucos sintomas de apenas alguma delas.

Nos intercâmbios de longa duração, ou seja, de 6 meses ou mais, as pessoas levam, em média, cerca de 3 meses para se sentirem "em casa". Mas é claro que isso varia. Às vezes, você pode sentir intensamente cada fase em um intercâmbio de 3 meses. Até mesmo em um intercâmbio de um mês, você pode sentir sintomas de alguma fase, sendo o mais comum a lua de mel. Por ser um período mais curto, você tenderá a gostar mais das coisas, e o choque cultural pode ser mais ameno e pontual.

Independentemente da duração do seu intercâmbio, a maioria dos relatos que recebemos dos estudantes que assessoramos é que os primeiros 15 dias são os mais desafiadores. A dificuldade de entender o idioma falado pelos nativos, nos seus sotaques, ritmo de fala, gírias e uso do vocabulário, é um dos pontos mais sensíveis aos recém-chegados no exterior.

A ambiguidade de sentimentos é muito presente no intercâmbio, o importante é saber, no final, que valeu a pena, e, acredite, valerá. Todos os capítulos deste livro são importantes, mas este é especial, e, se você chegou até aqui, temos certeza de que está muito mais consciente para sua viagem.

Confira o depoimento da Jéssica Faria, que fez o intercâmbio de *Au Pair* nos Estados Unidos. Quando ela escreveu este depoimento, estava completando 11 meses de intercâmbio.

"Tem coisas que você passa, que só você sabe. Lágrimas que só você viu cair. Por mais que existam pessoas que se importem, elas estão longe demais para saber de fato o que você está vivendo. É complexo explicar. Tem dias que você se sente vivendo um sonho. Em outros, só quer acordar do pesadelo. Intensidade. Acho que essa é a palavras dos 11 meses. De todos eles. Dos 337 dias. De todos eles. Tudo é vivido em uma intensidade absurda. As alegrias são pura adrenalina correndo nas veias. As tristezas são como cair em um poço de lágrimas sem fim. Amizades são sentidas como conexões de vidas passadas. E a solidão às vezes alcança o mais profundo da sua alma e o machuca com força. Não dá para explicar. De longe, foram os 11 meses mais difíceis da minha vida. Nem sempre pelas dificuldades, mas pela forma com que se é jogado para suportar o que nem se imaginava que viria. Está acabando. Confesso que não vejo a hora de voltar. Mas sinto a mesma proporção de gratidão. Aprendi a me apaixonar por lugares, sons, cores, detalhes, pelo mínimo. Aprendi a me segurar na certeza de que sou capaz e de que a única pessoa de quem dependo jamais me deixará. Foram longos 11 meses que passaram voando e ao mesmo tempo duraram uma eternidade. Sei lá quem eu sou hoje, só sei que definitivamente não sou quem era 11 meses atrás. Foi incrível. Foi horrível. Faria tudo de novo. Valeu cada segundo. E ainda nem acabou."

DICAS

Você já pensou no que pode fazer para viver seu intercâmbio da forma mais tranquila possível? Aqui vão algumas dicas:

- Conheça e reflita um pouco sobre as fases que envolvem a adaptação cultural. (Agora você já as conhece!)
- Seja flexível. Você se dispôs a viver naquela cultura.
- Seja paciente, viva um dia de cada vez. Não se pressione para entender tudo logo que chegar.
- Pense positivo e evite reclamar, pois sua reclamação não mudará nada.
- Se permita errar e não tenha medo de fazer algo pela primeira vez. Se não der certo, você tenta de novo.
- Descubra o que o ajuda a relaxar: É ir ao cinema, ao parque, a um restaurante? Tenha lazer no seu intercâmbio.
- Conheça e conviva com as pessoas: Faça amigos! Procure fazer amigos na escola, no trabalho, na academia, aproxime-se dos professores. Quanto mais você se abrir e puxar conversa, maior será sua rede de contatos e, consequentemente, de suporte para quando precisar.
- Planeje antes de viajar a frequência com que você terá contato com sua família e amigos do Brasil. Contato demais atrapalha, enquanto contato de menos pode gerar tristeza e saudade. Equilíbrio sempre!
- Cuide da sua alimentação. Sabemos o quanto cheddar é tentador, mas coma frutas e saladas também. Quem se alimenta mal, além de engordar, tem pouca disposição.
- Se puder, frequente uma academia ou faça atividades físicas ao ar livre.
- Engaje-se! Busque trabalhos voluntários, ofereça-se para ser monitor onde estuda, procure um estágio não remunerado. Nada cairá no seu colo, dê o primeiro passo.

No próximo capítulo, vamos conversar sobre trabalhar no exterior. Como fazer um currículo? Como encontrar uma vaga? Vamos responder a todas essas questões para você que pretende estudar e trabalhar durante seu intercâmbio.

COMO TRABALHAR NO EXTERIOR

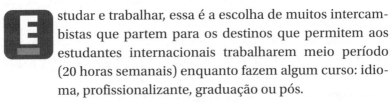

COMO TRABALHAR NO EXTERIOR 12

Estudar e trabalhar, essa é a escolha de muitos intercambistas que partem para os destinos que permitem aos estudantes internacionais trabalharem meio período (20 horas semanais) enquanto fazem algum curso: idioma, profissionalizante, graduação ou pós.

Nos Capítulos 5 e 6, falamos com mais detalhes sobre essas opções, mas, para facilitar o seu planejamento, criamos uma lista que resume todas as opções e está disponível para download no site do livro.

Para poder trabalhar no exterior, o primeiro passo é estar com o visto correto, e, para isso, você precisa solicitar o visto de estudante ainda no Brasil, apresentando a documentação exigida pelo governo do país em que você deseja morar. Um desses documentos é a comprovação do curso e o período em que você vai estudar. Cada consulado tem uma exigência diferente com relação à comprovação financeira que você precisa mostrar para obter o visto. Por isso, leia atentamente as informações oficiais nos sites. Alguns países, como a Irlanda, darão o visto de estudante com permissão de trabalho quando você chegar ao país. Mas, independentemente do procedimento, você só poderá começar a trabalhar legalmente quando estiver com o visto correto.

Com o visto nas mãos, é hora de começar a procurar trabalho. Atualmente, nenhuma agência ou escola, ao vender um programa de intercâmbio, pode garantir vaga de trabalho. O que elas garantem é que você compre um pacote correto para ter a permissão de trabalhar. Isso significa que, chegando lá, cabe a você procurar trabalho. Há alguns mitos e exageros sobre esse assunto. Há mitos como: "Intercambista só arruma trabalho para lavar prato" (o que, além de exagerado, é preconceituoso), e exageros como: "Ah, é superfácil conseguir emprego."

Procurar trabalho no exterior não é tão diferente de como você procuraria no Brasil. Você conversará com amigos e sondará se sabem de alguma vaga com o seu perfil. Você procurará vagas em sites especializados e em redes sociais como o LinkedIn. Entregará currículos pessoalmente no varejo e no comércio. As atitudes que deve ter são as mesmas, porque uma coisa é igual em qualquer lugar do mundo: emprego não cai do céu.

Procurar trabalho é por vezes cansativo, e você precisará de muita determinação. Entregará muitos currículos, e poucas serão as entrevistas. Ouvirá muitos nãos. Às vezes, a vaga que você queria não é a que lhe oferecerão. Às vezes, o trabalho não será tão interessante quanto você pensava, e um novo ciclo de entregar currículos se iniciará. Procurar trabalho no exterior não é nem tão fácil quanto dizem, nem tão impossível quanto clamam os pessimistas.

A preparação para trabalhar no exterior já pode começar antes mesmo de você embarcar. Comece atualizando seu currículo. Caso você ainda não tenha um currículo, é hora de criá-lo. Não se preocupe nesse momento em escrever em inglês ou em outro idioma, não se preocupe nesse momento com a diagramação. Se preocupe com o conteúdo, pois a tradução e a diagramação você poderá fazer com a ajuda de professores da sua escola ou universidade, ver modelos que são usados naquele país, pedir para ver o currículo de um colega. Mas sua vida ficará muito mais fácil se você já tiver um bom currículo em português.

Mesmo que você seja recém-formado no Ensino Médio e não tenha experiência profissional, precisará de um currículo. E não tem problema que ele fique mais simples, você pode caprichar mais na carta de apresentação, que explicaremos mais adiante neste capítulo.

Um diferencial na busca de trabalho é ter mais de um modelo de currículo. Afinal, as vagas são diferentes, e, para cada uma, você dará destaque para alguma habilidade. Para fazer modelos de currículo diferentes, você precisa antes saber em quais trabalhos têm interesse, e essa é outra etapa que facilitará muito a sua vida. Quase ninguém faz isso antes de viajar; ou seja, você estará semanas à frente de muita gente.

MAPEAMENTO DE VAGAS E HABILIDADES

Vamos a um exemplo prático para entender melhor. A ideia é você se conhecer e fazer um automapeamento para depois fazer o currículo.

Nome: Maria dos Santos

Idade: 30 anos

Áreas de interesse: Turismo (vendedora de pacotes, guia); hotelaria (recepção), bares e restaurantes (*hostess*, garçonete); comércio (vendedora de maquiagens, sapatos, roupas).

Horário em que posso trabalhar: Com base na sua grade de estudos, pense em quais horários e dias da semana você pode trabalhar, é importante que essa informação esteja no seu currículo. Por exemplo: Disponível para meio período de manhã de segunda a sábado. Com isso, você não corre o risco de receber propostas de trabalho em horários que não poderá aceitar depois.

Ao elencar suas áreas de interesse de trabalho, especifique o máximo possível, por exemplo: Que tipo de trabalho posso ter na área de turismo? Ah, posso ser vendedora, pois tenho experiência com isso. E na área de hotelaria? E assim por diante. Mesmo que você não tenha experiência na área, tem que mapear suas qualidades e habilidades. Por exemplo: Sou boa com números, posso me candidatar a uma vaga de caixa em algum restaurante. Nunca trabalhou, mas adora tecnologia e entende tudo de eletrônicos (games, celulares etc.)? Você pode procurar trabalho no comércio de games ou em lojas de telefonia. Muitas vezes, aquilo que você tem como hobby pode ser um diferencial no seu currículo. Gosta de crianças? Procure trabalhos como babá. O comércio varejista é um dos que mais oferecem vagas, e, o melhor, você pode trabalhar por escalas e há muitas vagas de meio período. Gosta de maquiagem? Procure trabalho em lojas especializadas ou com marcas de que gosta. O mesmo vale para esportes, música e qualquer outra área. Mapeie o comércio, os restaurantes etc.

Busque trabalho além do centro da cidade. Isso é outra coisa que as pessoas demoram a fazer. Todo mundo quer morar no centro, estudar no centro e trabalhar no centro. Já parou para pensar no comércio de bairros um pouco mais afastados? Às vezes, seu emprego pode estar lá. Amplie as possibilidades, o primeiro emprego de Vivianne Sandes durante o intercâmbio foi em um restaurante no aeroporto. Já tinha pensado em procurar emprego no aeroporto? Aposto que não, porque não é um lugar óbvio, e o segredo está aí. Enquanto todo mundo manda currículo para o mesmo restaurante no centro, você sai do centro e vai para o lado oposto. Muita gente também pensa que é impossível trabalhar na sua área durante o intercâmbio. Conforme o seu tipo de programa, há de fato alguns desafios. Para estudantes de graduação, a porta de entrada é o estágio, e muitos estágios não são remunerados. Para estudantes de cursos de idiomas, há menos vagas de meio período em escritórios do que vagas de período integral. Para quem ainda não domina o idioma, levará mais tempo para poder arriscar uma candidatura em vagas mais especializadas. Por outro lado, há inúmeras histórias de quem se planejou, arriscou e conseguiu. Os desafios existem, mas, se você não tentar, nunca saberá a resposta.

Mapeadas as suas habilidades e experiências, e os potenciais lugares para você procurar emprego, é hora de fazer um currículo adequado para cada vaga. Vamos pensar em um currículo fictício para buscar vagas para recepção de hotéis. Nesse caso, a pessoa deve destacar as qualidades de organização, comunicação e experiência em atendimento ao público. Já para uma vaga de vendedora, deverá destacar mais as habilidades com vendas e persuasão. Lembre-se: você sempre tem algo a oferecer.

Não vamos colocar aqui modelos de currículos, pois isso você encontra facilmente em pesquisas na internet. Inclusive, se você quiser ver um modelo de currículo do país em que morará, é só ser especifico na busca, por exemplo: "Como fazer um currículo para trabalhar na França." Dependendo do país, pode ser que exista um modelo de currículo padrão, e vale a pena adequar-se a ele. Queremos desde já provocar o sentimento de ir atrás das coisas. Empregos não caem do céu nem currículos, por isso, mãos à obra. Ninguém fará a entrevista por você nem seu currículo.

CARTA DE APRESENTAÇÃO

Vamos falar agora sobre a carta de apresentação. Ela deve seguir a mesma linha, com pequenos ajustes entre uma vaga e outra. Como no Brasil não é tão cultural ter uma carta de apresentação, vamos lhe dar uma ajudinha.

A carta é uma oportunidade de gerar empatia e curiosidade para o recrutador querer saber mais sobre você. A carta também serve para dar destaque às experiências e habilidades que são pedidas para a vaga para a qual você está se candidatando e que não necessariamente tenha sido parte da sua última experiência profissional. Uma carta bem escrita pode ter um peso até maior do que o próprio currículo.

VANTAGENS DE TRABALHAR DURANTE O INTERCÂMBIO

Trabalhar durante o intercâmbio tem inúmeras vantagens: você ganha dinheiro para abater seus custos mensais, tem mais oportunidades de conhecer pessoas locais e de praticar o idioma, ganha experiência internacional, além dos benefícios intangíveis, como independência e todo conhecimento daquele trabalho que realizou. Trabalhar ajuda a ter uma rotina (além dos estudos, é claro), a entender melhor e mais rápido aquela cultura e até a fazer novos amigos.

O trabalho que você conseguirá dependerá muito do seu nível de idioma. Quanto mais iniciante você for na língua, mais operacionais serão os trabalhos. Por exemplo, pode ser que você trabalhe lavando pratos em um restaurante e, conforme seu idioma melhorar, você possa tentar a vaga de garçom ou de assistente de chef. Normalmente, os trabalhos de atendimento ao público já exigem um nível pelo menos intermediário do idioma. Mais uma razão para evitar ao máximo falar português. Assim, seu idioma melhorará rápido e, consequentemente, a quantidade de vagas mais especializadas a que poderá se candidatar.

É muito importante pensar que, quando você está no seu intercâmbio, você acabou de chegar a um novo país, portanto, tem uma folha em branco que precisa começar a preen-

CONTEÚDO EXTRA!
No site do livro, temos um roteiro de carta de apresentação disponível para download.

cher. Você ainda não tem ninguém que conheça seu trabalho e que possa fazer uma carta de recomendação, que é uma prática adotada em vários países. O seu primeiro trabalho será para começar uma nova vida profissional e obter sua primeira carta de recomendação. Começando, assim, a preencher aquela folha em branco de quando você chegou. Se puder, leve uma carta de recomendação de algum empregador do Brasil. Lembre-se de que essa carta deve estar no idioma do país em que for morar.

PONTOS IMPORTANTES

Um ponto importante para os estudantes que desejam trabalhar no exterior é se informar previamente sobre como funciona o regime de horário de trabalho naquele país. Há países em que, além de ser permitido ao estudante trabalhar as 20 horas semanais durante os estudos, também é permitido trabalhar nas férias escolares por até 40 horas semanais. Como neste livro abordamos estudos no exterior em diversos países, não conseguimos abordar as regras e os costumes de todos os lugares, mas fica nossa recomendação para a realização dessa pesquisa.

De maneira geral, os relatos que recebemos de estudantes é o de que trabalhar meio período acomoda muito mais uma vida equilibrada entre estudos e trabalho. Além disso, os estudantes costumam ter trabalhos com horários mais flexíveis, trabalhando em escalas e folgando uma ou mais vezes na semana. A questão do horário de trabalho dependerá muito da área em que o estudante conseguir uma proposta de emprego. Não necessariamente o trabalho será de segunda a sexta, pode ser que o trabalho seja esporádico, em eventos, como folguista, apenas dois ou três dias na semana. As horas de trabalho semanais serão divididas conforme a necessidade do empregador.

Sabemos, do ponto de vista financeiro, o desafio que é se manter no exterior. Muitos estudantes podem se sentir tentados a largar os estudos e apenas trabalhar. No entanto, lembre-se de que a sua estada naquele país está atrelada ao seu visto, portanto, faltas excessivas ou o abandono do curso terão consequências.

Respeitar o limite de horas semanais que você pode trabalhar legalmente é importante, pois, passando disso, na nossa humilde opinião, o risco não vale a pena. Que risco? Risco de não ser pago corretamente ou de ser denunciado para a fiscalização imigratória. Seu patrão pode ser a melhor pessoa do mundo, mas também agirá errado ao contratá-lo por mais horas do que o permitido, e, "se a corda estourar", adivinha quem vai dançar? Lembre-se de que, no futuro, você poderá querer voltar para esse país, seja para lazer, estudo ou trabalho. Ter problemas com a lei pode gerar implicações futuras, desde simples dificuldades em obtenção de documentos e renovação de visto até mais extremas, como deportação, proibição de obtenção de visto e multas altas.

REMUNERAÇÃO

Cada país tem sua forma de remuneração, e muitos calculam os salários por hora. Vários países que recebem estudantes internacionais têm um valor mínimo de salário, e ninguém pode ganhar menos do que esse piso. Pesquise antes de viajar qual é o salário-mínimo do país em que fará seu intercâmbio.

Falando em remuneração ao trabalhar, precisamos alertar sobre outro mito em relação ao intercâmbio. Ninguém fica rico no intercâmbio. Intercâmbio é um investimento pessoal em conhecimento. Você não investe R$30 mil e volta com R$60 mil. O valor investido para estudar fora pode até retornar quando você trabalha, porém, esse dinheiro será reinvestido no seu sustento durante o intercâmbio. Organizando-se bem, você pode até juntar um dinheiro, mas isso é muito pessoal — pode ter meses que consegue guardar, outros, não. Em nossa opinião, intercâmbio não é para fazer poupança.

Eu, Carol, no meu intercâmbio de um ano nos Estados Unidos, tinha objetivos de estudar e viajar e, claro, guardar um dinheiro, mas era para isso. Lembro que, quando voltei, tinha apenas US$100 na carteira, apenas para o caso de haver alguma eventualidade no aeroporto. Aproveitei ao máximo todo o dinheiro que ganhei e investi naquilo que mais fazia sentido para mim: estudar e viajar.

Outro ponto que interfere em juntar dinheiro é quanto tempo você mora fora. Quanto mais tempo fora, mais chances de juntar um dinheiro.

Confira como foi a experiência de trabalho de Fabio Myiake, 19 anos, que morou um ano em Vancouver, no Canadá.

Quanto tempo demorou para você conseguir seu primeiro emprego no intercâmbio?

Levou uma semana para conseguir meu primeiro emprego no intercâmbio.

Como você fazia para procurar vagas de trabalho?

Entregava dezenas de currículos pessoalmente nas ruas e fazia muitos envios via internet. Assim, realizei diversas entrevistas em um curto período.

Como você fez seu currículo em inglês? Alguém o ajudou? Quem?

Fiz meu currículo no College. Sim, obtive ajuda da minha professora canadense.

Como era sua rotina de estudar e trabalhar?

Minha rotina se caracterizava em duas etapas: quando trabalhava meio período e em tempo integral. No meio período, entrava no trabalho na parte da manhã, às 7h30, e saía por volta de 12h30, e depois ia estudar no College. Quando trabalhava em tempo integral, entrava no período da manhã, no mesmo horário, e saía no período da noite, por volta das 20h, com intervalo entre os turnos da manhã e da tarde.

Quantos trabalhos você teve e quais eram? De qual você gostou mais?

Cheguei a ter três trabalhos paralelamente. Fui vendedor em uma loja fitness de suplementos alimentares e artigos de academia, ajudante do chef executivo em um restaurante instrutor/guia turístico do College em que eu estava. O que mais gostei foi como instrutor/guia turístico do College, em que posteriormente tive a oportunidade de trabalhar em tempo integral. Eu viajava/esquiava muitas vezes sem custo algum, conheci pessoas do mundo inteiro e tinha desconto com parceiros do College em Vancouver.

Qual dica você daria para quem for trabalhar durante o intercâmbio?

Para quem for trabalhar durante o intercâmbio, recomendo usar a técnica de enviar currículo para diversas empresas e fazer muitas entrevistas, e, se tiver a oportunidade, escolher o trabalho de que mais gostar. É dessa forma que você pode conseguir um bom trabalho. Não ter medo de usar a língua local nem de cometer erros, pois, assim, aprendemos e conseguimos crescer e evoluir.

Esperamos que, depois deste capítulo, você entenda melhor o que envolve trabalhar e estudar no exterior. Sem ilusões, mas com muita vontade de viver essa experiência.

Após arrumar um trabalho, o próximo desafio é viver dentro do planejamento financeiro. Esse é o assunto do capítulo a seguir.

VIVER DENTRO DO PLANEJAMENTO FINANCEIRO

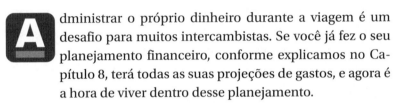

VIVER DENTRO DO PLANEJAMENTO FINANCEIRO — 13

Administrar o próprio dinheiro durante a viagem é um desafio para muitos intercambistas. Se você já fez o seu planejamento financeiro, conforme explicamos no Capítulo 8, terá todas as suas projeções de gastos, e agora é a hora de viver dentro desse planejamento.

Serão tantas coisas novas para fazer ou comprar, que é difícil controlar o impulso nas primeiras semanas. O deslumbramento inicial com tantos produtos diferentes e o apelo de preços fora do seu costume podem fazer você comprar mais do que precisa. Também podem surgir gastos imprevistos, e por isso você precisa ter uma reserva de emergência para eles.

Por experiência própria, sabemos o que é chegar à metade do intercâmbio com muito menos dinheiro do que tínhamos planejado. Essa situação é um relato comum entre os estudantes internacionais. Muitos relatam que gastaram a maior parte do dinheiro que levaram até o meio da viagem e passaram a viver em um sufoco danado a outra metade; ou o dinheiro acabou antes do final da viagem, e o intercambista acabou recorrendo à família, no Brasil. Não deixe isso acontecer com você, faça o seu planejamento financeiro e evite dores de cabeça!

IMPREVISTOS

Hoje em dia, o vilão é geralmente o celular: cai na água, cai no chão e quebra a tela; você o perde na balada ou é furtado. Outra coisa do dia a dia que, embora seja fácil de resolver, dá um pouco de prejuízo é perder o cartão do transporte público, possivelmente você pagará uma taxa para um novo cartão e, até ter tempo de resolver isso, pagará as tarifas sem o desconto do cartão. Pode acontecer também um problema de saúde. Imagine sentir uma forte dor de dente e acabar indo em uma clínica não conveniada do seu seguro, ter que pagar a conta e só depois entrar com o pedido de reembolso. Imagine ter que desembolsar um valor alto e saber que demorará semanas até receber o dinheiro de volta. Outra coisa relacionada ao seguro viagem é que, mesmo que você não pague a consulta, visitando uma clínica credenciada, a compra de medicamentos é via reembolso, ou seja, você paga e recebe depois.

Esses são apenas alguns exemplos que se encaixarão no uso da sua reserva de emergência que lhe darão tranquilidade para resolver essas situações. Sobre o uso da reserva de emergência, é importante ressaltar que ela é apenas para emergências, ou seja, se você tiver alguma sobra de dinheiro em determinada semana, e puder usá-la para resolver algum imprevisto, é uma boa opção, pois sua reserva durará mais tempo. Imagine que você tenha o azar de perder o celular na primeira semana do intercâmbio, aí você pensa: "Vou usar minha reserva de emergência e comprar o celular mais moderno da loja." Agindo assim, você gastará muito da sua reserva ou até mesmo acabará com ela. No próximo imprevisto, às vezes, mais grave, estará sem recursos. O ideal em um caso assim seria abrir mão de algum passeio ou compra e direcionar para a compra do celular. Preservar ao máximo a reserva de emergência até o final do seu intercâmbio é a melhor garantia de não ficar sem recursos caso algo grave aconteça.

COMO AUMENTAR SUA RESERVA DE EMERGÊNCIA DURANTE O INTERCÂMBIO

Uma forma de aumentar sua reserva de emergência durante o intercâmbio é guardar no mínimo 50 "dinheiros" em moeda local por semana. Exemplo: Se você for trabalhar, guarde 50 "dinheiros" por semana, em um mês você terá 200. Se fizer um intercâmbio de seis meses, e não tiver passado por nenhum imprevisto, terá 1.200 "dinheiros" a mais na sua reserva para usar antes de voltar ou trazê-lo de volta e vendê-lo quando chegar.

Já se você for fazer intercâmbio e não for trabalhar, a forma de aumentar sua reserva de emergência é gastando menos e guardando a diferença.

PLANEJAMENTO FINANCEIRO DO DIA A DIA

Para se manter dentro do planejamento, a dica é: mais planejamento. Se deixar de planejar seus gastos semanais, as chances de se perder são muito grandes.

Então, vamos começar separando suas despesas entre as que serão fixas e as variáveis. Se for fazer um intercâmbio de curta duração, é provável que se identifique mais com a tabela das despesas variáveis. Lembrando que aqui estamos dando alguns exemplos, e você deve adaptar esse raciocínio para sua realidade.

→ Despesas fixas:
- ☑ Aluguel (para intercâmbios de longa duração).
- ☑ Transporte.
- ☑ Conta de celular.

→ Abaixo, algumas despesas que podem estar ou não inclusas no aluguel:
- $ Internet em casa.

INTERCÂMBIO PARA TODOS

$ Energia (lembrar que, se for inverno, a conta será maior, por causa do aquecedor).

$ Água.

→ **Despesas variáveis:**

$ Alimentação.

$ Lazer (cinema, passeios, viagens, festas, bares etc.).

$ Compras (vestuário, eletrônicos etc.).

Com uma lista feita, você conseguirá ter noção dos seus gastos semanais e, assim, saber mais facilmente se está dentro do planejado ou se naquela semana estourou o orçamento. Se você gastou mais com alimentação, precisará economizar no lazer, ou vice-versa. Lembrando que os gastos fixos serão mais difíceis de alterar, e a economia ficará por conta dos gastos variáveis. Você planejou, por exemplo, cozinhar em casa cinco vezes por semana e comer fora duas vezes, mas em uma determinada semana, gastou mais com lazer. Você sabe, então, que terá que cortar uma ou duas saídas para comer fora de casa e, assim, equilibrar o orçamento.

Outra coisa que estoura o orçamento de muita gente são as compras, já falamos sobre elas no Capítulo 8, mas gostaríamos de dar mais uma dica de ouro. Cuidado com as quantidades e as promoções. Tendemos a achar que devemos sempre comprar as promoções principalmente se elas de fato estiverem dando um bom desconto, mas é preciso observar se vale a pena optar pelo desconto e levar uma quantidade enorme de produto, afinal, você terá que carregar um pacote maior do que consome na semana. Eu, Marina, já tive que carregar um pacote gigantesco de papel higiênico no ônibus porque quis aproveitar uma promoção. E também por querer adiantar um gasto que só seria necessário mais para frente. Esses adiantamentos de gastos podem comprometer seu fluxo financeiro semanal, então calcule antes de comprar.

DICAS ↓

Para economizar mais:

- Compre chips de celular locais quando chegar ao destino, geralmente, eles são pré-pagos, fáceis de comprar e mais baratos.
- Compre coisas usadas: Há muitos sites que vendem de tudo — roupas, bicicletas e eletrônicos, entre outros. Atente-se sempre para anúncios falsos e golpes, mas, tomando os devidos cuidados, pode ter certeza de que você encontrará bons negócios.
- Visite também brechós, lojas de ONGs e *garage sales* (no estilo "família vende tudo") e outlets.
- Pergunte na escola quais parcerias eles oferecem: Pode haver estabelecimentos próximos da escola, como lojas, restaurantes ou bares em que você tenha desconto na conta ou ganhe algum brinde, como uma bebida grátis em uma refeição.

Para adolescentes:

Nosso conselho aos pais de menores de idade é carregar o cartão pré-pago (geralmente, a forma mais usada para enviar dinheiro aos filhos) aos poucos. Em primeiro lugar, antes da viagem, estabeleça, em uma conversa, qual será o orçamento para os gastos variáveis e coloque o dinheiro semanalmente no cartão do filho. Para um adolescente, será mais fácil controlar os gastos se o saldo for menor.

IMPOSTOS

Entender o regime de impostos do local em que você morará é outra forma de economizar e de gerenciar melhor seu dinheiro no dia a dia.

Em alguns países, os valores dos produtos são mostrados sem impostos, e, quando você passar no caixa, será adicionada ao valor total a porcentagem de impostos daquela compra.

Nos Estados Unidos, por exemplo, o imposto final pode variar de 2,9% a 10%. Existem alguns estados que não cobram nenhum imposto sobre as compras e outros que não cobram para algumas categorias de

DICA ↓

Para se familiarizar melhor com a gestão do seu orçamento pessoal durante o intercâmbio, recomendamos que pesquise os aplicativos para celular que organizam suas finanças. A verdade é que nosso comportamento no intercâmbio será reflexo dos nossos hábitos diários. Quanto mais buscarmos informações sobre educação financeira, gestão de orçamento pessoal e familiar, mais preparados estaremos para fazer a viagem sem tomar nenhum susto quando a fatura do cartão de crédito chegar.

produtos, como: roupas, eletrônicos, itens para a casa etc. Já no Canadá, o imposto sobre produtos é em média 5%, somado ao imposto da província.

Eu, Carol, quando morei nos Estados Unidos, fiquei em uma casa localizada em New Jersey, onde não há cobrança de impostos sobre roupas; por isso, a maior parte das minhas compras de roupas foram em New Jersey. Às vezes, o estado vizinho ao que você está morando tem melhores benefícios para realizar compras, que podem compensar uma viagem até lá.

Quando começar os seus estudos, converse com alunos que já vivem na cidade há algum tempo, que, com certeza, saberão todos os truques da região sobre impostos.

Para intercâmbios de curta duração até três meses, lembre-se também de se informar se o país que você escolheu tem *tax return*. É um benefício para o turista reaver o valor dos impostos que pagou nas compras. O imposto que é retornado é chamado de VAT (Value Added Tax) ou IVA (Imposto de Valor Agregado), que é similar ao nosso ICMS (Imposto sobre Circulação de Mercadorias e Serviços).

Para ter acesso ao *tax return*, há algumas regras, como um valor mínimo a ser gasto em determinada loja. Por isso, informe-se com o caixa no momento de passar sua compra sobre quais são as regras. Se tiver direito, a loja fará os procedimentos para que no aeroporto, antes de você retornar para o Brasil, você possa reaver esse dinheiro pago em impostos. Mas, atenção, não são todos os itens que têm esse benefício. Outro ponto importante é sempre pedir o *tax return* no momento da compra. Muitas lojas não fazem esse procedimento depois que a compra foi efetuada, ou seja, se esquecer de pedi-lo, não adianta voltar à loja no dia seguinte, pois ela não fará o procedimento, que geralmente consiste em carimbar o cupom fiscal e cadastrá-lo em um sistema do programa de retorno de impostos.

No próximo capítulo, vamos conversar mais sobre os imprevistos. Como agir em caso de perda do passaporte? O que pode dar errado e para quem solicitar ajuda? Essas e outras questões serão respondidas para você conseguir resolver e lidar com essas situações.

LIDANDO COM AS DIFICULDADES DO DIA A DIA

14

14

LIDANDO COM AS DIFICULDADES DO DIA A DIA

uando começamos a planejar nossos estudos no exterior, é raro pensarmos antecipadamente nas dificuldades que virão. Pode ser que a experiência de viajar para estudar seja a sua primeira vivência internacional, por isso, você não tem referência das dificuldades que podem surgir e de como resolvê-las. Ou, mesmo que não seja sua primeira experiência, pode ser um outro programa de estudos e em outro país, e essa mudança de contexto traz novas dificuldades às quais se adaptar.

Este capítulo é dedicado a abordar as dificuldades cotidianas mais comuns dos intercambistas, para, dessa forma, ser possível se preparar caso viva alguma situação parecida. Vamos conversar sobre as dificuldades de convivência com outras famílias e colegas de quarto, questões de saúde, roubos e furtos e outros problemas de ordem mais prática da sua viagem, como: remarcação da passagem, extensão do curso, renovação da acomodação, entre outros.

O primeiro conselho que podemos lhe dar é: Tenha posse dos seus problemas. O que isso quer dizer? Significa que, durante o intercâmbio, você é o protagonista para achar a solução, a saída depende de você, e não dos outros. Ter posse dos seus problemas é saber que até para um pedido de ajuda, seja para a instituição de ensino, agência (e qualquer outro prestador de serviço) ou familiares, o primeiro passo deve ser seu.

Mas, então o que pode dar errado? Ou, talvez, errado não seja a palavra correta. Às vezes, alguma situação não sai como planejamos, mas isso não quer dizer que deu tudo errado. Serão muitas vivências que no final lhe darão crescimento pessoal e, por que não, até algumas risadas.

DIFICULDADES DE CONVIVÊNCIA COM OUTRAS FAMÍLIAS OU COLEGAS DE QUARTO

Cada família tem suas rotinas, regras, tradições e até manias. Se a forma como as coisas acontecem na sua casa não são iguais às que acontecem na casa do vizinho, imagine quando incluímos nessa mistura uma língua e cultura diferentes. Quando você se hospeda em casa de família, você se insere em uma dinâmica que pode ser muito diferente da qual você está acostumado. Nem melhor, nem pior, simplesmente diferente.

Da mesma forma, se você for dividir apartamento ou morar em uma residência estudantil, conviverá com pessoas que levam essas diferenças culturais consigo, que tiveram criações e costumes completamente diferentes. Em cima disso, pode ser que as rotinas sejam completamente diferentes entre os colegas de moradia: um trabalha de manhã, o outro fica acordado até tarde estudando. Logo, você e seus colegas terão que encontrar maneiras de manter uma boa convivência.

É importante ter tranquilidade quanto à observação de tradições culturais: você não precisa fazer tudo da maneira como as outras pessoas da casa fazem, mas é importante haver um respeito mútuo e muito diálogo, para que as diferenças culturais não sejam entendidas como desrespeito. Um exemplo: Se uma das partes é vegetariana, por razões religiosas ou não, e a outra se alimenta com proteína animal, ambas devem entender e aceitar a convivência, podendo, se for o caso, combinar regras de uso da cozinha ou horário das refeições.

Os combinados são muito importantes para uma boa convivência. Aquela frase da sua vó nunca fez mais sentido: O combinado não sai caro. Procure fazer logo no começo um acordo de como serão as regras de boa convivência, com colegas ou com a família. No caso de colegas de apartamento, esse combinado pode ser um documento, também conhecido como *roomate agreement*, já com a família, geralmente, as regras são apresentadas na chegada do estudante à casa. Em caso de dúvidas, não deixe para depois, já alinhe tudo nesse momento.

No site do livro, você encontrará orientações para criar um *roomate agreement*.

O QUE ACONTECE QUANDO É NECESSÁRIA UMA TROCA DE FAMÍLIA

A vontade de trocar de família pode ter inúmeras razões e partir do estudante ou da família. O mais importante de se entender é que a relação de ambas as partes está em um momento delicado. A família também sente a frustração de uma relação que não se desenvolveu como esperava, assim como o estudante pode sentir mágoas dos familiares.

Eu, Carol, sei como é difícil chegar ao consenso de uma troca de família. No meu primeiro intercâmbio, como *Au Pair*, morei por três meses com a minha primeira família, e, embora eles tivessem muitas qualidades, eu não estava feliz com a minha rotina e tive muitas dificuldades de me adaptar. Por fim, a mudança foi consensual, mas, nos primeiros dias após a conversa decisiva com meus pais norte-americanos, o clima da casa ficou bem ruim entre nós. Ambas as partes estavam machucadas. Ainda morei com eles por um mês até encontrar uma nova família. Tive que ser muito madura para que a relação entre nós não piorasse, e, aos poucos, na verdade, os laços de afeto que criamos nesses meses prevaleceram sobre as nossas diferenças.

Para cada tipo de programa, há procedimentos diferentes, mas uma coisa todas as trocas têm em comum. Elas não acontecem do dia para a noite. Não é rápido nem fácil encontrar uma nova família para um estudante. Antes da decisão final de uma troca, são feitas conversas entre famílias, estudantes e coordenadores locais, a fim de melhorar a relação.

Claro que cada caso é único, e mudanças de família podem ser feitas com mais rapidez, mas, via de regra, o diálogo entre as partes é sempre solicitado para garantir que a troca seja realmente necessária, e não por causa de algum mal-entendido que pode ser esclarecido em uma conversa.

Ao solicitar uma troca de família, o estudante está ciente de que poderá acontecer uma troca de cidade e até mesmo de escola. Imagine uma estudante que está cursando o Ensino Médio morando com uma família no Texas. A troca de família dela é aprovada e só encontram uma nova família para ela no Colorado, ou seja, haverá uma mudança de escola também. Além disso, as trocas de famílias também podem ter custos de transporte, como o da passagem aérea para a nova cidade, traslados etc.

Quando fechar um intercâmbio com hospedagem em casas de família, informe-se sobre taxas e custos em caso de troca de família.

Eu, Carol, quando mudei de família, fui para o norte do Estado de Nova Jersey e fiquei há mais de uma hora de trem das minhas amigas, que passei a ver só nos finais de semana. Tive que começar de novo todo o processo de adaptação à nova cidade, família e amizades.

Esperamos que você crie uma relação saudável e amistosa com as famílias que o receberem, mas saiba também que, se vocês não tiverem afinidades, a troca é possível. Trocar de família pode ser uma situação desagradável, mas não é o fim do mundo. Faça a sua parte, que tudo se resolverá.

DIFICULDADES COM A SAÚDE

Outra dificuldade muito comum dos intercambistas é ficar doente. Infelizmente, pode acontecer com qualquer um. Estamos sujeitos desde uma gripe comum a situações mais graves, como cair e quebrar uma perna ou um braço. Para estar preparado para lidar com a sua saúde, tanto nos casos mais leves quanto nos mais graves, tenha em mãos sempre o telefone do seu seguro viagem, o número da sua apólice do seguro e, antes de viajar, leia sobre todas as coberturas. Alguns seguros têm aplicativos para celular em que você pode pedir assistência, caso não consiga ligar. Por mais desagradável que seja ficar doente, ainda nessas horas cabe ao estudante entrar em contato com o seguro.

É comum pais e intercambistas acharem que é obrigação da agência ou instituição de ensino fazer essa interface, porém, somente o

CONTEÚDO EXTRA!

No site do livro, você encontrará links de vídeos para conhecer a história completa do meu intercâmbio (Carol) e também link do vídeo em que conto como foi minha troca de família (em inglês, chamado de *rematch*) durante meu intercâmbio como *Au Pair*.

estudante poderá informar o que está sentindo, o endereço em que se encontra e anotar as orientações sobre a marcação da sua consulta médica, ou, se for uma emergência, para qual hospital se dirigir. Apenas quando se trata de menores de idade, a escola ou a família hospedeira darão algum suporte, como: ajudar a contatar o seguro e acompanhá-lo ao médico, se for necessário. Em outras palavras, marcar o próprio médico, comprar remédio na farmácia e preencher formulários de reembolso fazem parte do intercâmbio.

Mas, Carol e Marina, e se eu estiver me sentindo muito mal? Se você estiver de fato se sentindo muito mal, peça um táxi para ir a um hospital e ligue para algum conhecido que possa acompanhá-lo. Às vezes, você pode conseguir uma carona e ajuda com alguma pessoa do trabalho ou do seu curso, mas já pense como você fará se estiver sozinho ou sem alguém para ajudá-lo imediatamente.

Para quem tem alguma condição de saúde preexistente, é importante informar às pessoas com quem convive e dar orientações de como agir em caso de emergência, incluindo as informações do seguro viagem ou saúde e para qual hospital você deve ser encaminhado. Muita atenção também se tiver algum histórico de problemas de saúde mental, como depressão, ataques de pânico, distúrbios alimentares, entre outros, pois, na maioria dos casos, os seguros viagem não cobrem questões psicológicas.

Para quem fará Ensino Médio ou programas universitários, as próprias instituições de ensino têm enfermarias, que ajudam a dar os primeiros socorros em caso de mal-estar dos estudantes. É claro que a estrutura desse su-

Recomendações importantes:

- Em caso de perda do passaporte, leia as orientações do Itamaraty, no site oficial do governo. O link está disponível no site do livro.

- Em caso de roubos ou furtos, procure a polícia local. Infelizmente, furtos e roubos de dinheiro em espécie e de celulares dificilmente são recuperados; ainda assim, é importante fazer um boletim de ocorrência.

- Caso você tenha perdido seu celular ou carteira, uma opção é procurar nos achados e perdidos do metrô, shopping, loja de departamentos, locais em que esteve naquele dia; muitos estudantes relatam que encontraram seus pertences dessa forma.

INTERCÂMBIO PARA TODOS

porte de enfermarias varia bastante, por isso, informe-se sobre como tudo funciona já nas primeiras semanas de aula.

DIFICULDADES COM PERDAS, ROUBOS, FURTOS DE DOCUMENTOS E DE OBJETOS

Perder documentos durante uma viagem é sempre uma dor de cabeça. Infelizmente, pode ocorrer tanto a perda quanto pode ocorrer algum furto ou roubo de carteira, bolsa, mochila ou objetos, como celular, câmera fotográfica etc.

Os cuidados com os pertences devem ser os mesmos em qualquer lugar do mundo, pois os espaços públicos em que o intercambista circulará, como transporte público, cafés, restaurantes, pontos turísticos, lojas de departamento, aeroportos, estações de trem, são muito movimentados, e, infelizmente, há pessoas que aproveitam os momentos de distração para praticar delitos.

Para se prevenir de perdas, furtos ou roubos, mantenha seus pertences sempre perto de você. Cuidado com bolsos de casacos e calças, são o lugar mais vulnerável para perder documentos e objetos. Entre os documentos, o que mais se deve cuidar é o passaporte, pois sem ele você não pode sair do país. Por isso, recomendamos que não o use no dia a dia. Guarde seu passaporte em um local seguro, como em uma gaveta na sua acomodação, na sua mala, e tenha ainda mais cuidado se estiver em hostel ou locais compartilhados, onde outras pessoas têm acesso, de preferência guarde-o em um local trancado, como sua mala com cadeado ou cofres.

No lugar do passaporte, use como documento de identificação seu RG original brasileiro ou CNH (cópias autenticadas raramente têm validade no exterior). Alguns destinos permitem que você faça uma identidade local; se for possível, faça isso logo nos primeiros meses e leve apenas um documento com você diariamente, facilitará sua vida. Algumas instituições de ensino oferecem uma carteirinha de estudante, que pode ser aceita como documento de identificação local; confira isso com a sua escola ou universidade.

Uma dica que podemos dar é: faça um inventário de todos os objetos de valor e documentos que está levando na viagem. Esse inventário é bem simples, basta fazer fotografias de todos os seus documentos e objetos de

LIDANDO COM AS DIFICULDADES DO DIA A DIA **235**

valor, como: notebooks, câmeras, celular etc. Para os eletrônicos, anote também o número de série (se houver). Se você perder algo ou for furtado/roubado, você terá como mostrar para as autoridades competentes como é o objeto ou documento que perdeu.

OUTRAS DIFICULDADES DE ORDEM PRÁTICA

Outras situações são de ordem mais prática do cotidiano e demandam tempo para resolver. Veja a seguir as solicitações mais comuns dos estudantes durante o intercâmbio e saiba como agir.

Quero fazer alterações no meu curso (mudança de matéria, carga horária, extensão do programa, cancelamento do curso etc.): Toda mudança requer um alinhamento com a instituição de ensino e a agência no Brasil (se houver). O estudante deverá seguir os procedimentos da instituição de ensino para solicitar qualquer alteração e entender quais os prazos referentes a cada solicitação.

No início das aulas, é comum os estudantes receberem um manual do aluno. Nesse material, estão todos os departamentos e as pessoas responsáveis para atender a solicitações de estudantes. Ressaltamos que há mudanças que só podem ser feitas no início do curso (primeiras duas semanas), e, após esse período, será necessário esperar o término do módulo do curso (mês, trimestre, semestre etc.) para fazer outra mudança.

Isso quer dizer que alterações não são feitas do dia para a noite, é preciso ter paciência e saber que o pedido poderá levar um tempo para ser atendido.

Quero ficar mais tempo no país, como faço com meu visto: Cada país tem uma regra. Nos Estados Unidos, você pode, por exemplo, mudar do visto J-1 (Au Pair/High School) para o visto F-1 (Estudante) sem ter que retornar ao Brasil. Em outros países, dependendo do tipo de visto com que viajou, não é possível fazer o pedido e continuar lá, sendo necessário retornar ao Brasil e fazer um novo pedido de visto. Por isso, pesquise bem sobre vistos, se necessário, busque uma assessoria especializada, e pense que, se existe a possibilidade de você querer ficar mais tempo no país, já deve sair do Brasil com o visto correto — que permita a extensão sem ter que voltar.

Como remarcar minha passagem: Toda extensão de tempo no país de destino envolverá a remarcação da passagem de volta. Isso porque é sempre mais barato e recomendado por questões de visto já comprar a passagem de ida e a de volta. Se você comprou a passagem por conta própria no site da companhia aérea ou em outro site de viagens, deverá entrar em contato direto com eles. Caso tenha comprado via agência de intercâmbio, a remarcação deverá ser feita via agência. Atenção para as taxas que podem ser cobradas na remarcação.

Perdi meu cartão pré-pago ou cartão de crédito: Para esse problema, basta ligar para a central de atendimento do cartão para bloqueá-lo e pedir um novo. Nesse momento, você possivelmente precisará daquela foto que fez antes de a viagem começar para informar o número do cartão a ser bloqueado. O envio do novo cartão demora em média sete dias úteis, e a central poderá orientá-lo sobre como fazer um saque emergencial. Quando receber o novo cartão, pode ser necessário ligar novamente para fazer o desbloqueio. A operadora do cartão só passa informações para o titular, com algumas exceções, como menores de idade, dependentes do cartão ou cônjuges.

Quando viajamos, somos expostos a muitas situações diferentes e, em alguns casos, pela primeira vez. E, por serem cenários novos, é normal nos sentirmos nervosos, ansiosos e preocupados para resolver as coisas logo. Embora sejam sentimentos comuns, é importante controlar as emoções para poder pensar em soluções para a situação.

Alguns acontecimentos podem necessitar de ajuda do Brasil, seja da sua família ou agência. Porém, na maioria das vezes, o estudante consegue resolver tudo sozinho com os recursos e contatos do intercâmbio.

Sugerimos três perguntas que podem ajudá-lo a resolver imprevistos e dificuldades do dia a dia.

1. Já pensei e testei pelo menos três soluções para o problema?
2. Já pedi ajuda às pessoas próximas de mim no meu dia a dia, como: coordenadora local, instituição de ensino, família, amigos?
3. Já pesquisei soluções seguras e referências do que fazer na internet?

Nas situações em que você responder todas as perguntas acima com um "SIM" e a situação ainda não estiver resolvida, pode ser o momento de acionar seus pais ou a agência de intercâmbio para pedir um apoio para a resolução do problema.

Lembre-se de que no exato momento em que algo acontece com você fora do Brasil, há muito pouco o que as pessoas que estão longe possam fazer para resolver o problema.

Compartilhar um problema logo no início, sem antes ter tentado alguma solução, gerará mais ansiedade, pois quem está longe ficará preocupado e em constante contato com você para saber atualizações.

Por isso, reforçamos o que falamos no início: seja dono dos seus problemas, o primeiro passo é sua responsabilidade, e é muito mais fácil focar energia na resolução da situação do que em compartilhar o problema com pessoas que estão longe de você.

Problemas e dificuldades acontecem com qualquer um, e, no final de contas, são eles que nos fazem crescer e até mesmo rir depois.

Não tenha medo de passar por dificuldades durante o intercâmbio, para cada problema, há sempre uma solução. Ela pode não ser como a gente gostaria, mas, no final, tudo dá certo. Pode ser também que você não passe por nenhuma dificuldade durante o seu intercâmbio, o que também é muito comum.

Estamos chegando ao final do nosso intercâmbio. Já se passaram 14 capítulos e temos certeza de que você já está diferente de quando começou. Agora é quando começam a bater os sentimentos antes do retorno. Voltar parecia tão distante... Um, dois, três, quatro meses... Por que o tempo voa quando estamos viajando? Para alguns, a certeza dos objetivos alcançados e a vontade de retornar ao calor do nosso Brasil, da nossa comida e das nossas festas. Para outros, a integração na cultura local foi tanta, que a despedida fica dolorosa.

No intercâmbio, a gente não faz amigos, a gente faz família. Em um mês, é o italiano que volta para a Itália; no outro, a mexicana que retorna ao México; depois, aquela alemã que você nem foi muito com a cara e que acabou se tornando uma grande amiga, ela volta também, e você vai ficando. Fazendo sua contagem regressiva, aceitando que chegou sua hora de voltar. Você sabia que voltaria. Sabia, pois comprou a passagem de ida e volta. Só não imaginava que retomar sua vida no Brasil seria mais desafiador do que partir. Bem-vindo de volta! No próximo capítulo, vamos conversar sobre como recomeçar sua vida no Brasil após o intercâmbio.

A VOLTA PARA CASA E OS NOVOS RECOMEÇOS

15

A VOLTA PARA CASA E OS NOVOS RECOMEÇOS — 15

oltar para casa depois de um intercâmbio é sempre um desafio! Casa? Depois de um tempo no exterior chamando outro lugar de casa, como fica a sua volta para casa?

A volta do intercâmbio é um momento para o qual pouco nos preparamos. A gente faz as malas, marca despedidas dos amigos que fizemos, checa a passagem aérea e vai para o aeroporto. Os sentimentos podem ser confusos. De um lado, há a alegria de rever a família e os amigos, e a sensação de vitória por ter conquistado tanta coisa durante o intercâmbio. Por outro, podem existir os medos e as dúvidas sobre como será a readaptação.

Na nossa experiência, o desafio do retorno pode ser encarado de duas formas. A primeira é enxergar positivamente que o intercâmbio lhe deu um novo superpoder: a habilidade de ver as coisas sob uma nova perspectiva e aproveitar essa nova forma de as ver para crescer e dar seus próprios passos em uma nova realidade.

A segunda forma é ver as coisas de uma maneira quase radical e pouco proveitosa, como um tudo ou nada. Ou tudo foi maravilhoso lá fora ou foi uma experiência traumática, e que bom que estou de volta ao Brasil. É importante lembrarmos que na vida real nem tudo é 100% belo e perfeito e nem tudo é 100% ruim. Então, saiba valorizar seus novos momentos de volta para casa, assim como procure se lembrar do intercâmbio como ele foi realmente.

Neste capítulo, vamos navegar exatamente por esses sentimentos que envolvem o retorno dos intercambistas. Como já vimos no Capítulo 12, sobre a curva em W e o choque cultural, é comum que muitas pessoas passem novamente pelas mesmas etapas na volta para casa.

A adaptação no retorno para casa também é influenciada pela idade, e pela duração e tipo de intercâmbio.

Vamos nos aprofundar mais nessas variáveis.

O RETORNO DE ADOLESCENTES

A volta dos adolescentes de programas de curta duração, geralmente realizados nas férias escolares, tende a ser tranquila. Em primeiro lugar, porque o tempo fora do Brasil é curto, ou seja, houve uma experimentação de uma nova cultura, mas não a ponto de uma incorporação de hábitos que gerem um choque cultural no retorno.

A volta às aulas também é motivo de alegria, pois é o reencontro com os amigos para contar como foram as férias. E, se essas férias foram um intercâmbio, é mais legal ainda voltar para contar como foi viajar sem os pais para outro país.

Também não há muita frustração nessa volta, pois desde o início sabe-se que é um programa de ida e volta e de curta duração.

Já a volta dos adolescentes de programas de Ensino Médio envolve mais sentimentos mistos de alegria e tristeza. Geralmente, esses intercambistas viveram em outro país por um semestre ou um ano letivo, tempo suficiente para criar certas raízes e incorporarem traços daquela cultura.

Cada experiência é única, mas quem se adaptou tão bem com a família hospedeira, com a escola, estudos e amigos, e sente que poderia continuar morando por lá, tende a sofrer mais por ter que voltar. Nesses casos, pode haver uma frustração maior. Às vezes, a volta pode estar relacionada a questões financeiras, pois fazer mais de um ano de Ensino Médio no exterior não é algo acessível à maioria das famílias brasileiras. Ao adolescente, cabe entender que ele é menor de idade e precisa voltar a viver com seus pais e dar continuidade a seus estudos no Brasil.

O retorno às aulas no Brasil e a rotina antiga podem gerar ansiedade e insatisfação na comparação com a vida que tinha durante o intercâmbio. Muitos estudantes inclusive mudam de escola quando voltam ao

Brasil, pois não se identificam mais com a metodologia da antiga escola. Aos poucos, os laços com os amigos e a rotina ajustam os adolescentes à sua nova antiga vida.

Aos pais, cabe ter muita paciência, entendimento e também atenção para possíveis comportamentos depressivos nesse retorno. Em alguns casos, um acompanhamento terapêutico ajuda bastante os adolescentes a lidarem com todos esses sentimentos da volta.

O RETORNO DOS ADULTOS — PROGRAMAS DE LÍNGUAS E ESTUDO COM TRABALHO DE MÉDIA OU LONGA DURAÇÃO

A partir dos 18 anos, quando decidimos fazer um intercâmbio de média ou longa duração, nossas expectativas e responsabilidades são bem maiores. A volta ao Brasil quando somos adultos pode estar cercada de muito mais frio na barriga do que teve a ida.

Tendemos a nos questionar sobre tudo: Será que conseguirei um trabalho quando voltar? Será que me adaptarei a voltar a morar com meus pais? Será que voltar é a melhor decisão? São tantos "serás", que é normal se sentir sobrecarregado na véspera da volta.

Como intercambistas, conquistamos uma liberdade de ser quem somos e de nos reinventar. Somos desconhecidos, e isso contribui para que arrisquemos mais. O intercâmbio nos impulsiona a deixar para trás medos e julgamentos, e nos preocupamos menos com o que pensarão de nós. É comum ouvir de quem fez um intercâmbio que "voltou outra pessoa". Adicione a isso que em muitos destinos vivemos com maior sensação de segurança, pontualidade, organização, limpeza e acesso a viagens e atividades de lazer. E, ainda que tenhamos vivido momentos difíceis, no final, eles são apenas detalhes. É um pouco de tudo isso junto e misturado que sentimos saudade quando retornamos.

Nesses intercâmbios, fica-se tempo suficiente para desenvolver o sentimento de pertencimento à cidade e ao país. Seremos sempre brasileiros, mas nosso coração pode se sentir tão em casa em Dublin como se sente em São Paulo, por exemplo.

Quem trabalha durante o intercâmbio, também experimenta um contato ainda maior com as pessoas locais, e essa rede de amizades, que durante o intercâmbio foi de convívio diário, ficará distante quando o intercambista retornar.

Como já mencionamos, nenhuma ida ou volta será igual para todos. Há quem logo se adapta à nova vida no Brasil, guardando boas lembranças, contando seus "causos" e rindo das dificuldades. Assim como há quem leve algumas semanas ou meses para se encontrar novamente e criar uma rotina.

Eu mesma, Marina, acredito que o meu maior desafio no intercâmbio de quatro meses foi o retorno, pois voltei justamente no auge da minha "lua de mel", quando eu me sentia adaptada à nova realidade, tendo formado amizades, desenvolvido novas habilidades e conquistado uma independência naquela cidade menor dos EUA que eu não tinha em São Paulo, minha cidade de origem. É claro que eu sentia vontade de estar com a minha família e amigos do Brasil, ou que em alguns momentos eles estivessem lá comigo, mas eu ainda tinha uma sensação de que havia muito a fazer e a explorar, ainda não tinha dado tempo para sentir saudade do Brasil.

Demorei, mais ou menos, um ano para me readaptar ao Brasil. Demorei para entender que aquele ciclo de intercâmbio tinha acabado, que tinha sido muito rico, mas que eu deveria dar espaço a novas aventuras com o superpoder que adquiri lá. Entendi que a vida é feita desses ciclos de conhecer pessoas, e, após um tempo, cada um segue o seu caminho.

O RETORNO DOS ESTUDANTES DE GRADUAÇÃO E PÓS-GRADUAÇÃO — PROGRAMAS DE ENSINO SUPERIOR DE UM ANO OU MAIS

Depois de um programa de estudo no exterior, como graduação, mestrado ou doutorado, há uma dúvida grande sobre voltar ou não para o Brasil. Sua decisão de voltar será questionada de forma frequente, e enfrentar esse julgamento é um dos maiores desafios. Os comentários tendem a ser rasos e pejorativos, como: "Nossa, mas depois de tanto tempo fora por que vai voltar para cá?" ou "Se está voltando agora é porque descobriu que lá fora não era tudo isso".

Os motivos da volta só cabem a você e podem variar desde:

> Boa perspectiva profissional, trazer experiências de fora para uma determinada empresa/ mercado pode ser muito valioso e bem-remunerado.

- ➤ Vontade de estar junto da família, estar presente em nascimentos, casamentos, idade avançada de familiares pode ser um importante motivador.
- ➤ Interesse em contribuir para o Brasil com a perspectiva adquirida fora.
- ➤ Vontade de voltar mesmo, afinal, temos muitas coisas boas por aqui.

O fato é que fazer uma formação superior no exterior não o obriga a viver fora do Brasil para sempre, você pode e deve manter um bom networking profissional tanto aqui quanto no exterior, pois, dessa forma, você aumenta suas chances de poder escolher onde vai morar e trabalhar.

Voltar também não significa perder as amizades e contatos feitos durante seu período de graduação, mestrado ou doutorado fora. Você já sabe que com a tecnologia hoje é possível ficar conectado a qualquer pessoa do mundo.

O período da formatura é uma ruptura de uma rotina familiar construída ao longo dos anos, e é natural que essa fase seja cheia de novos desafios. Para a maioria das pessoas, esse período é animador, e as incertezas do futuro tendem a ser vistas como oportunidades que serão reveladas; ainda assim, é um período que cobra muito da saúde física e mental. E, quando a formatura está junto com o momento de retorno ao Brasil ou mudança para outro país, a carga mental extra demanda ainda mais atenção à saúde; portanto, procure se cuidar e, se necessário, procure orientação médica e psicológica, se sentir que são coisas demais para lidar ao mesmo tempo.

RECONSTRUINDO OS LAÇOS EM CASA

Quando retornamos, vamos reconstruir os laços de relacionamentos. É importante entender os dois lados da história: de quem viajou e de quem ficou no Brasil.

Do lado de quem viajou, é necessário entender os sentimentos de quem ficou. As pessoas também têm histórias para contar, mudaram de emprego, estão namorando, também fizeram viagens, ou seja, seguiram suas vidas.

INTERCÂMBIO PARA TODOS

A sensibilidade do intercambista que retorna estará em saber ouvir essas histórias, e não apenas contar sobre a sua experiência no exterior.

É normal voltarmos encantados e querendo compartilhar aquilo que mexeu tanto com a gente, porém, não se esqueça de também praticar a escuta.

Outro ponto é saber o momento de falar e para quem. Vamos supor que um de seus amigos também queria muito ter viajado, mas não teve condições. A forma de contar algo para essa pessoa deve ser diferente de para alguém que já viveu uma experiência similar.

E nem todo mundo vai querer ver milhões de fotos ou ouvir histórias de pessoas, situações e lugares que nem conhece. Lembre-se também de que você manteve contato com muitas pessoas que ficaram no Brasil durante o seu intercâmbio, ou seja, eles já acompanharam muitas das suas experiências. Nem tudo será novidade para todos.

Ao mesmo tempo, quem ficou pode ajudar quem voltou nessa readaptação. Tendo paciência em ouvir talvez mais de uma vez a mesma história, mas ajudando a pessoa a viver novas situações, que a ajudem a encerrar o ciclo do intercâmbio e aos poucos estar cada vez mais presente na nova realidade.

Outro ponto que ajuda a colocar a volta em perspectiva é aprender que os laços de amizade, sejam com a família hospedeira, amigos ou colegas de trabalho, não serão cortados da noite para o dia, e mantê-los pode ser inclusive muito importante para a reconexão com a volta ao Brasil. Por exemplo, uma *host family* que está habituada a receber intercambistas com frequência pode lhe mostrar que não é preciso se distanciar totalmente, que é possível continuar um contato, voltar para visitá-la um dia, quem sabe. Conhecer amigos que se interessem pelo Brasil estimula você a querer falar coisas boas sobre seu país e cria um assunto em comum para que vocês continuem conversando ao voltar, além de poder recebê-los como visitantes na sua cidade.

É importante acolher a sensação de perda da rede próxima que foi construída ao longo dos anos estudando fora. Assim como é muito importante abrir-se para a construção de uma nova rede após sua volta. Quando voltamos, na verdade, nosso mundo fica maior, pois criamos conexões em várias culturas e lugares.

Embora o foco principal deste capítulo seja o retorno ao Brasil, precisamos mencionar também que às vezes isso não acontece.

E a volta, na verdade é outra ida, uma mudança para uma nova cidade ou até mesmo a continuação da vida agora como morador, e não mais como intercambista.

Com a rede de contatos ampliada e a formação em escolas que são amplamente internacionalizadas, pode ser que de fato você não volte a viver no Brasil. É comum ter esse tipo de mobilidade em várias carreiras, e isso pode ser inclusive uma oportunidade de nova mudança para um terceiro país.

Todo o conhecimento adquirido durante o intercâmbio pode abrir oportunidades de emprego na própria cidade em que o intercambista já vive ou até em outros países.

Muitos que desejam continuar vivendo fora às vezes também precisam realizar a mudança por questões de visto. Como intercambista, viaja-se com visto de estudante, e cada país tem suas regras para renovação; às vezes, a renovação é limitada para cursos de idiomas, e o governo exige uma progressão nos estudos para ensino superior. Para muitos, isso não é viável do ponto de vista financeiro ou não há interesse em cursos de graduação e de pós.

Se, nesse caso, o estudante não conseguir um empregador que o contrate e seja o chamado *sponsor* (patrocinador do visto), aquele que justificará perante o governo a necessidade da mão de obra estrangeira, a única opção para continuar morando fora é pesquisar opções de visto em outros países.

Para quem tem o perfil empreendedor, há países também que estimulam vistos para quem quer abrir um negócio; ou seja, dependendo dos seus objetivos, pode ser um excelente novo começo.

E os motivos de não retorno ao Brasil não se limitam a negócios ou a estudos, também surge no caminho de muitos intercambistas o amor.

Apaixonar-se durante o intercâmbio é mais comum do que pensamos. Pode ser por um estrangeiro ou até mesmo por um brasileiro. Há os casais que continuam no país em que se conheceram, assim como os que se separaram momentaneamente, quando um dos dois precisa voltar ao seu país de origem, mas em seguida eles já têm planos de se unirem de novo no exterior.

As histórias de amor de quem se conhece durante uma viagem são sempre inspiradoras. Porém, alertamos também que, no campo do amor, há muitos golpes que miram especialmente as mulheres. Quando o coração bater mais forte durante o seu intercâmbio, tenha certeza de que realmente é amor, e não uma armadilha.

Agora, você já sabe quais são as sensações que poderá experimentar no retorno do seu intercâmbio.

E, não importa se você está lendo este livro antes ou depois da sua viagem, esperamos que este capítulo o ajude a ter um pouso sem turbulência.

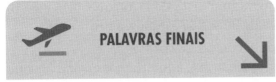

PALAVRAS FINAIS

Chegamos ao final da nossa viagem e esperamos que este livro tenha aberto a sua mente para o universo de possibilidades de estudar no exterior.

Viu só como fazer um curso no exterior vale a pena e é um sonho viável de ser realizado?

Claro que sabemos que viajar para estudar fora não é tão simples para muita gente. Ainda assim, o primeiro passo é sempre adquirir conhecimento e começar a se organizar para realizar esse projeto tão especial.

Talvez este livro tenha sido seu primeiro contato com o assunto de estudar fora do Brasil, ou talvez você já tivesse uma ideia do que era o intercâmbio que você queria. Em ambas as situações, queremos que leve com você a capacidade de analisar crítica e detalhadamente os prós e os contras de cada tipo de intercâmbio.

Tentamos ao máximo mostrar perfis pessoais diferentes e como isso interfere nas opções de estudos no exterior e nas decisões que precisam ser tomadas. Ainda assim, sabemos que podem ter surgido ao longo da leitura novas dúvidas sobre seu caso específico.

Seria impossível abordamos no livro todas as exceções e dúvidas que recebemos, mas a nossa conversa não precisa terminar aqui. Esperamos que este livro seja o incentivo que faltava para você parar de adiar o planejamento do seu intercâmbio. Que ele possa ser seu guia de consulta sempre que surgir alguma dúvida.

INTERCÂMBIO PARA TODOS

No site do livro, você encontrará conteúdos extras de planejamento da viagem, como listas de sites úteis para ajudá-lo a calcular o custo do intercâmbio de forma realista, e também outras listas, como embaixadas e consulados, para tirar visto de estudante, lista com os melhores sites para consulta de bolsas de estudos, entre outros.

Você também pode nos encontrar nas nossas redes sociais @viajarpraestudar e @carol_santin. Inclusive, adoraríamos ouvir a sua opinião sobre o livro!

Agradecemos por ter escolhido este livro como seu guia de intercâmbio.

Quando uma pessoa que a gente ajuda, viaja, nós vibramos e "viajamos" junto, e pode ter certeza de que estaremos com você também.

www.intercambioparatodos.com.br

ÍNDICE

A

acomodação 149
adaptação do estudante 80
admissão 94
África do Sul 46
agências 22
Airbnb 156
Alemanha 43
América do Norte 39
ano letivo 75
aperfeiçoamento profissional 105
aprender uma língua no exterior 53
arquitetura 56
associate degree 109
atividades 56
atividade suplementar 77
Au Pair 142
Austrália 48

B

bagagem extra 185
banheiro privativo 150
basquete 76

boarding school 83
Buenos Aires 38

C

calor 29
campus 108
Canadá 40
carnes 38
carregar peso 185
carreira 105
casas de família 150
cerâmica 76
cheerleaders 76
cidades mais procuradas 30
clima 29, 40
clima ameno europeu 29
College 109
community 109
comprovação de renda 163
comunicação 76
consulados 119
cooperação 88
culinária 56, 76

cursos 54
cursos preparatórios 55
curso técnico profissionalizante 136
custo-benefício 83
custos 160

D

dança 56
Day-Camps 72
Demi Pair 145
deslumbramento 221
destinos menos procurados 50
dinheiro 159
disseminação do conhecimento científico 87
double bank 67
doutorado 90

E

écoles 113
embaixadas 119
empregabilidade 115
ENEM 75
Ensino Médio 75, 85
Ensino Médio, 76
ensino superior 87
ensino vocacional 109
escola 82
escolas privadas 83
Espanha 42
especialização 89
esportes ao ar livre 76
Estados Unidos 40
etapas legais e burocráticas 173

F

facultés 113
faculty 108
família hospedeira 83
férias em família 72
férias escolares 34
financiamento 107
forma de pagamento 162
fotografia 56, 76
França 42
frio 29
futebol 76

G

gastos 160
gestão familiar 59
globalização 88
golpe 60
golpe da acomodação 35
graduação 90
graus acadêmicos 90

H

hermanos 38
história da arte 56
hospitalidade 76
hostfather 85
hostmother 85

I

idioma 53
informação 25
Inglaterra (Londres) 42

instituição de origem 104
intercâmbio 15, 25, 32, 53, 71, 77
  cidade 32
  dois destinos 36
  equivalência 77
  etapas 54
  experiência 20
  impulso 19
  perfil 22
  planejar 21
  remunerado 147
inverno 30
Irlanda (Dublin) 44
Itália 44

J
junior 109

L
lato sensu 90
língua oficial 53

M
malas 185
  peso permitido 185
Malta 45
marcenaria 76
marching bands 76
MBA 89
mestrado profissional 89
M.I.T. 110
morar com outra família 80
mulheres 35
música 76

N
necessidade do estudante 54
negócios 55, 76
Nova Zelândia 48

P
pathway 94
planejamento financeiro 221
ponto de vista socioemocional 19
pós-graduação 90
problemas 229
problemas com a justiça 35
processo de admissão 84
proficiência 58
profissão 91
prova de admissão 75

Q
quantidade de roupas 185

R
Receita Federal 38
reformatórios 85
residências estudantis 153
retorno 239
revalidação 98
revalidar créditos 103
robótica 76

S
Santiago 38
seguro viagem 162
sistema privado 107
sistema público 107

smartboards 59
stipend 95
stricto sensu 90

T

technical 109
trabalho 136
trabalho voluntário 56
transfer 157
transporte público 80
troca de estações 29
turmas especiais por idade 56

U

universidades 87

V

viajar leve 185
vinho 38
violência 34
vivência internacional 229
vôlei 76
volta 239

W

Work and Travel 146

Projetos corporativos e edições personalizadas
dentro da sua estratégia de negócio. Já pensou nisso?

Coordenação de Eventos
Viviane Paiva
viviane@altabooks.com.br

Assistente Comercial
Fillipe Amorim
vendas.corporativas@altabooks.com.br

A Alta Books tem criado experiências incríveis no meio corporativo. Com a crescente implementação da educação corporativa nas empresas, o livro entra como uma importante fonte de conhecimento. Com atendimento personalizado, conseguimos identificar as principais necessidades, e criar uma seleção de livros que podem ser utilizados de diversas maneiras, como por exemplo, para fortalecer relacionamento com suas equipes/ seus clientes. Você já utilizou o livro para alguma ação estratégica na sua empresa?

Entre em contato com nosso time para entender melhor as possibilidades de personalização e incentivo ao desenvolvimento pessoal e profissional.

PUBLIQUE
SEU LIVRO

Publique seu livro com a Alta Books. Para mais informações envie um e-mail para: autoria@altabooks.com.br

 /altabooks /alta-books /altabooks /altabooks

CONHEÇA OUTROS LIVROS DA **ALTA BOOKS**

Todas as imagens são meramente ilustrativas.

Este livro foi impresso nas oficinas gráficas da Editora Vozes Ltda.,
Rua Frei Luís, 100 – Petrópolis, RJ.